AF299137

MINISTÈRE DE L'INSTRUCTION PUBLIQUE
ET DES BEAUX-ARTS

DE L'ILLÉGALITÉ
DE LA GRÈVE GÉNÉRALE

COMMENTAIRE

DU

TRADE DISPUTES AND TRADE UNIONS ACT, 1927

PAR

M. JEAN SIGNOREL

DOCTEUR EN DROIT, LAURÉAT DE L'INSTITUT
ANCIEN PRÉSIDENT DE L'ACADÉMIE DE LÉGISLATION
MEMBRE NON RÉSIDANT
DU COMITÉ DES TRAVAUX HISTORIQUES ET SCIENTIFIQUES
VICE-PRÉSIDENT AU TRIBUNAL CIVIL DE TOULOUSE

(Extrait du *Bulletin des sciences économiques et sociales
du Comité des travaux historiques et scientifiques*, année 1929.)

PARIS

IMPRIMERIE NATIONALE

MDCCCCXXX

DE L'ILLÉGALITÉ DE LA GRÈVE GÉNÉRALE.

COMMENTAIRE

DU

TRADE DISPUTES AND TRADE UNIONS ACT, 1927,

PAR

M. JEAN SIGNOREL,

DOCTEUR EN DROIT, LAURÉAT DE L'INSTITUT,
ANCIEN PRÉSIDENT DE L'ACADÉMIE DE LÉGISLATION,
MEMBRE NON RÉSIDANT
DU COMITÉ DES TRAVAUX HISTORIQUES ET SCIENTIFIQUES,
VICE-PRÉSIDENT AU TRIBUNAL CIVIL DE TOULOUSE.

INTRODUCTION.

Il n'est rien de plus dangereux que d'avoir une fausse conception de la liberté économique et de penser que celle de l'individu croît avec le progrès de la civilisation, le développement industriel ou commercial de son pays, le libéralisme des lois, car il lui arrive, souvent, de se trouver dans des conditions telles qu'il ne sait pas ou ne peut pas réagir contre des influences qui le dominent et dominent tous ceux qui sont en butte aux mêmes difficultés que lui. Tel est le cas de l'ouvrier, pressé parfois par le besoin, en présence de son patron qui possède des ressources ou des réserves telles qu'il a la possibilité d'imposer ses volontés, ses prix, ses conditions. L'égalité de situations qui, seule, est capable d'amener la liberté du contrat, ne peut pas être assurée par l'État dont les ressources ne tarderaient pas à être englouties dans cette aventure; elle ne peut l'être que par les syndicats qui, par le groupement, suppléent à l'insuffisance de l'individu et il n'est pas contestable que l'État a le devoir de les protéger, même de les encourager, parce qu'ils doivent, théoriquement tout au moins, travailler pour la vraie liberté. La liberté humaine est impérissable et il faut que, partout, elle trouve sa mesure car, lorsqu'elle est opprimée, la justice est meurtrie.

Plus que jamais, l'action sociale par le développement des syndicats s'impose afin que la classe ouvrière puisse pourvoir à la défense de ses intérêts et assurer l'application des lois sociales qui se heurtent toujours à des dénigrements et à des résistances.

Mais, ici, surgissent des difficultés qui ont leur source dans ce fait que la conscience du prolétariat n'est pas encore, dans bien des cas, suffisamment élevée et que, s'il a la notion de ses droits imprescriptibles, il n'a pas toujours celle des devoirs sévères qu'il a envers les autres hommes. Voilà pourquoi il lui arrive d'être impuissant à maîtriser ses désirs, ses tendances, les forces économiques dont il dispose. Ainsi, les syndicats sont portés, trop souvent, à abuser de leur force dans des grèves nombreuses, provoquées par des motifs futiles et qui occasionnent des pertes considérables. Plus encore : ils font dévier l'esprit et le but de l'action syndicale et c'est avec la plus grande facilité qu'ils gaspillent, dans des œuvres de propagande politique, des ressources amassées pour un but professionnel. Dans ces derniers temps, les grèves sont devenues de plus en plus nombreuses et la grève générale, elle-même, constitue un danger social d'une gravité sans égale. L'État, dès lors, s'est inspiré de son devoir qui lui impose l'obligation d'assurer la liberté de *tous* et, alors que, dans une société bien équilibrée, l'initiative individuelle doit être la règle et l'intervention de l'État l'exception, il est intervenu dans un domaine où son existence était mise en jeu, celui de la grève générale, c'est-à-dire celui où, méconnaissant son rôle essentiel, le syndicalisme oublie son caractère uniquement professionnel pour se transformer en un organe politique, préoccupé avant tout de la lutte de classes.

Quelles sont les mesures qui ont été prises contre la grève générale, en Angleterre où, en mai 1926, une grève de cette nature a causé des pertes immenses?

Telle est la question qui va faire l'objet de cette étude.

CHAPITRE PREMIER.

La grève générale anglaise de mai 1926.
Son caractère. Ses effets.

Le 1ᵉʳ mai 1926, le *Conseil général de la Trades Union* a publié l'ordre de grève destiné à entrer en vigueur peu après, dans la nuit du 3 au 4 du même mois, à minuit. « C'est la première fois, disait avec une sorte de fierté, un leader travailliste au correspondant du *Temps*, que la grève générale est déclarée; je veux dire : la première fois, non seulement en Angleterre, mais encore dans tous les pays du monde où, jusqu'à présent, les mouvements grévistes ont été limités à un ou deux corps de métier, ou bien à certaines régions seulement. La décision prise, le 1ᵉʳ mai, par le *Congrès de la Trades Union*, a donc une importance historique. »

Au moment où cette grève a été déclenchée, la production minière avait fléchi depuis plusieurs années, notamment depuis 1913; elle était devenue plus onéreuse et les exportations s'étaient ralenties. La situation du commerce extérieur n'était pas plus brillante. Ainsi, en avril 1926, par rapport au mois correspondant de 1925, l'importation (102.492.099 liv. st.) avait diminué de 7.853.639 livres sterling (7,1 p. 100) et l'exportation (64,012.955 liv. st.) de 9.274.593 (12,7 p. 100); dans les quatre premiers mois de la même année, par rapport à la période correspondante de 1925, les importations accusaient une différence en moins de 38.411.057 livres sterling et les exportations de 31.255.189.

C'est dans ces conditions que le charbon allemand et le charbon américain ont pris une place prépondérante sur le marché italien. En Grèce, le marché a été inondé de charbons allemands, américains et russes. En France, les importateurs ont fait de très importantes commandes à des Allemands. Au Portugal, les Anglais ont été supplantés par les Américains.

L'industrie houillère britannique vit, pour une partie des exploitations, dans des conditions qui n'ont rien de commercial.

En février 1926, il y avait 808 exploitations houillères; 602 d'entre elles représentant 72 p. 100 de la production nationale de charbon avaient un rendement déficitaire. 205 exploitations seulement (28 p. 100) pouvaient se suffire sans le secours du subside gouvernemental.

Si la loi de l'offre et de la demande avait joué librement, de nombreuses exploitations auraient dû cesser le travail. Il eût été opportun, alors, d'envisager une concentration d'exploitation et aussi, peut-être, la fermeture de certaines.

Ce point de vue écarté, nombreux étaient ceux qui disaient : l'ouvrier doit travailler davantage. Cela était d'autant plus exact que, de 259 tonnes par homme, en 1913, le rendement industriel était tombé, en 1919, à 197 tonnes et demie.

Mais, même si la journée de huit heures avait été rétablie, si le rendement industriel de 1919 avait été obtenu, l'industrie n'en aurait pas moins été dans une situation extraordinairement inférieure vis-à-vis de l'Amérique dont la production a été, en 1916, de 800 tonnes par homme pour les charbons bitumeux et de 489 tonnes pour les charbons d'anthracites. Malgré le prix élevé des transports, les charbons américains devaient faire aux charbons anglais, en Angleterre, une concurrence désastreuse.

Par le chantage de la menace de grève, les mineurs ont poussé l'État à intervenir et cet État, incapable de jouer ce rôle, s'est déchargé de ce soin sur une *Royal commission* qui n'a songé qu'à une réorganisation administrative des mines alors qu'elle aurait dû se préoccuper, avant tout surtout, de la réorganisation scientifique de la production du charbon[1], d'une meilleure utilisation du produit, de l'agrandissement des débouchés.

L'Angleterre, pays industriel et non agricole, a besoin d'importer les denrées qui lui sont nécessaires de même que les matières premières utilisées par ses industries de transformation. Il est évident que ses importations doivent se compenser avec les exportations. Si ces dernières faiblissent, surgit une redoutable difficulté : le chômage. Avant 1914, cette balance existait. Arrive la guerre. L'Angleterre a tout sacrifié pour rétablir ou maintenir la livre à la parité de l'or. Elle a pratiqué en même temps une politique souverainement démocratique (relèvement de salaires, allocations, subventions) et tellement large que les dépenses d'ordre social inscrites à son budget, qui se montaient, avant la guerre, à 195 millions de livres,

---

[1] Voir les critiques de M. Lancelot Lawton dans la *Fortnightly Review* de juin 1926, p. 742.

se sont élevées à 826, en 1925. La vie a nécessairement augmenté et de nouvelles augmentations de salaires ont été formulées. Et c'est ainsi que la *Royal commission* a établi que 72 p. 100 des mines travaillaient à perte.

Dans ces conditions :

La production de .houille a considérablement diminué;

Les exportations ont également diminué dans une très forte proportion;

Les salaires ont augmenté de 75 p. 100;

Le rendement de la main-d'œuvre a baissé.

Pour conserver aux exploitants un bénéfice de 1 shilling 6 par tonne, le gouvernement a été obligé de contribuer aux frais d'exploitation pour une somme qui, durant les neuf mois qui ont précédé la grève, a dépassé, abstraction faite des indemnités de chômage, 20 millions de livres.

Dans le *The Times* du 25 mai 1926, Sir Hugh Bell qui est, à la fois, propriétaire de mines et métallurgiste, grand consommateur de houille, a précisé, en ces termes, la difficulté à résoudre :

« Les propriétaires de mines affirment qu'ils ne peuvent vendre 20 shillings du charbon dont le prix de revient est de 23 sh. 69. Les ouvriers mineurs déclarent qu'ils ne peuvent vivre à moins de 60 shillings par semaine.

... Les propriétaires de mines affirment qu'avant la guerre, les salaires représentaient 70 p. 100 du prix de revient du charbon, mais, à l'heure actuelle, ils comptent pour 90 p. 100. Ils disent qu'il est impossible maintenant d'opérer une nouvelle réduction de 2 ou 3 shillings ailleurs que sur les salaires. Ils pensent, d'après des expériences, que cette réduction dans le taux n'entraîne pas une réduction dans le total.

... Les propriétaires seront-ils forcés de payer des salaires qui les conduiraient à la faillite ou seront-ils libres de conclure avec leurs hommes les conditions de travail et de salaires, débarrassés de toutes les interventions législatives qui entravent l'industrie et ont, dans leur opinion, largement contribué à la situation actuelle?

La première solution entraîne une diminution de la production de charbon et du chômage pour quantité de mineurs.

La seconde comporte que les hommes auront la liberté d'accepter les salaires offerts ou, comme auparavant, de .chercher d'autres emplois, s'ils peuvent en trouver. »

Sir Hugh Bell termine sa lettre par cette citation de Burke : « La question de la subsistance d'un homme qui porte son travail au marché est complètement à côté de ce qu'il peut désirer. Il n'y a qu'une question : que vaut-il pour l'acheteur [1] ? »

Le *Trade Unions Congress* de 1925 s'est tenu, à Scarborough, le 5 septembre.

En ouvrant le Congrès, le Président, M. Swales, annonça « que le temps des concessions était passé et que celui de la guerre aux employeurs était venu, en coordonnant et fortifiant l'action trade-unioniste pour assurer aux travailleurs une plus grande part dans la direction de l'industrie. » Dans sa conclusion, il réclama pour le *General Council* le pouvoir de déclarer l'action directe quand il le jugerait bon, non sans avoir oublié de saluer « les Républiques de Russie et du Mexique, qui sont un exemple du plus haut développement du bien-être démocratique que le monde ait encore vu et qui ont montré comment une république des ouvriers est sortie, comme le phénix, des cendres du régime le plus despotique de l'Histoire. »

Une *Résolution* votée par 2.456.000 voix contre 1.218.000 portait que

... le mouvement doit être organisé de manière à préparer les Trade-Unions à une action commune au *The Party of Workers* (le parti des ouvriers) pour culbuter (*overthrow*) le capitalisme.

... des comités d'ateliers (*Shop Committees*) bien organisés sont une arme indispensable pour forcer les capitalistes à abandonner leur étreinte de l'industrie.

Le représentant de la *Boilemakers Society* (construction de chaudières). M. Pullitt, proclama que « le principe fondamental, c'est le renversement du capitalisme et l'établissement du socialisme ».

Le secrétaire général des mineurs, M. A. J. Cook, toujours fidèle à ses anciennes idées [2], s'exprima ainsi : « Le jour du succès par l'action d'unions isolées est passé. L'assistance des *Railwaymen*

---

[1] Voir Yves Guyot, *Précédents et solutions de la grève générale britannique* apud *Journal des Économistes*, 15 juin 1926, p. 322.

[2] En 1912, en collaboration avec M. North Ablitt, M. Cook avait publié un ouvrage : *The miners next step*, dans lequel il soutenait : « ... que la vieille politique d'identité entre les *employers* et les salariés devait faire place à celle des hostilités. Autant que possible, au lieu de la grève, rester au travail, mais en réduisant la production de manière à mettre la mine en perte. Continuer l'agitation jusqu'à l'épuisement de la totalité du profit de l'employeur ».

et des autres *Transport Workers* a eu une action immédiatement efficace. »

En somme, le *Scarborough Congress* a anéanti la distinction entre
les *industrial and political Objectives*, fait cause commune avec les Soviets
et entrepris une guerre sans merci contre le capitalisme. Il ne faut
pas oublier, en effet, que le délégué russe, M. Tomsky, président *of
all Russian Council of Trade Unions*, exposa, dans les termes suivants, le programme de l'*Internationale* de Moscou : « Les Russes
n'ont pas honte de leurs idées. C'était au nom de ces idées, qu'en
novembre 1917 ils déchargèrent les banquiers du fardeau de leurs
banques; les industriels, du fardeau de la direction de leurs entreprises; les propriétaires fonciers, du fardeau de leurs propriétés;
et, sur cette base, ils ont construit un État de la classe ouvrière. Il
s'agit de constituer une *Trade Unions Organisation* pour libérer le
travail du joug capitaliste. » Comme conclusion, il demanda que
l'*Internationale* d'Amsterdam fût unie à celle de Moscou.

Au chant de l'*Internationale*, des montres d'or furent offertes aux
délégués étrangers et des colliers à leurs femmes. On entendit ensuite
le rapport de M. Bramley, fait au nom du *General Council*. « Les Unions
russes et l'*Internationale rouge* doivent être regardées comme un bloc
indivisible. La Russie doit être acclamée comme une République
socialiste. La révolution russe a été la première qui ait atteint le
capitalisme et ces raisons ont convaincu le *General Council* de la nécessité de l'amalgamation de la Trades Union britannique avec les Unions
russes et l'*Internationale rouge*. Notre devoir est de soutenir le mouvement ouvrier de la Russie [1]. »

La grève générale du 1er mai 1926 a été la conclusion forcée,
logique, du *Trade Unions Congress* de septembre 1925.

Le conflit qui avait failli éclater, à la fin de juillet 1925, fut retardé
de neuf mois, par l'octroi du subside gouvernemental. Pendant ce
temps, les intéressés ne restèrent pas inactifs : une enquête appro-

----

[1] La *Résolution* adoptée porte : « Le *British Trade Unions general Council*
essayera de réunir une conférence et de provoquer une *International Unity*
en employant son influence médiatrice entre le *Russian Trade Union Movment*
et l'*Amsterdam Bureau* ».
Le but à atteindre est la création d'une organisation industrielle unique
capable de représenter avec efficacité les intérêts internationaux des ouvriers.
Cf. Yves Guyot, *loc. cit.*, p. 313.

fondie fut diligentée, des négociations intervinrent entre les patrons et les ouvriers mais, malheureusement, ces négociations, au lieu de combler le fossé qui les séparait, ne firent que le creuser davantage.

Le 5 septembre 1925, une commission royale fut donc instituée à l'effet de formuler certaines conclusions sur les causes générales de la crise des charbonnages, les remèdes provisoires susceptibles de la conjurer, la solution à donner aux difficultés suscitées par la durée du travail, le montant des salaires, jusqu'au jour où l'État et les compagnies auraient procédé à une réorganisation fondamentale de l'industrie minière.

Le rapport de cette commission, présidée par Sir Herbert Samuel, ancien gouverneur de la Palestine, parut le 6 mars, et fut imprimé, aux frais de l'État, à des centaines de milliers d'exemplaires.

La commission estime que la nationalisation des mines, proposée par la *Fédération des mineurs,* n'est ni possible ni souhaitable. Le système de l'entreprise privée doit être maintenu mais avec d'assez importantes modifications qu'elle indique avec le plus grand soin.

Dès le début, le gouvernement déclara qu'il acceptait toutes les charges et toutes les responsabilités que lui imposait la commission et qu'il ferait voter les mesures législatives nécessaires pour la réorganisation des charbonnages (amalgame de certaines compagnies, réglementation et coordination de la vente du charbon, etc.). En même temps, il fit savoir que, pleinement d'accord avec la commission, il supprimerait le subside le 30 avril, demeurant bien entendu qu'après cette date, les patrons et les ouvriers se mettraient d'accord pour assurer le fonctionnement régulier et normal de leur industrie.

Privés du concours du gouvernement et de la commission, les intéressés, en mars, ont largement discuté en vue d'un accord sur les conclusions du rapport Samuel. Tous ces efforts sont restés vains et, finalement, le bureau de la *Fédération des mineurs* a fait connaître qu'il ne voulait consentir, à aucun prix, à une réduction des salaires fixés par les accords de 1921 et de 1924, ni à une augmentation des heures de travail dont le régime avait été fixé, en 1919, sur la base de la journée de 7 heures pour les ouvriers du sous-sol, ce qui correspond, déduction faite de la descente, de la montée et des heures de repos, à cinq heures quarante-cinq minutes de travail effectif dans la veine.

En dernier lieu, les négociations se précisèrent et elles portèrent presque uniquement sur la nouvelle fixation du pourcentage national minimum fixé en 1924, et qui avait assuré aux ouvriers une augmentation de 33,33 p. 100 par rapport à leur salaire de 1914. Les patrons demandèrent un retour à la détermination par district de ce coefficient basé sur le rendement de l'exploitation, alors que le rapport Samuel disait : «... Nous ne voyons pas comment dans une communauté aussi petite et aussi étroitement unie que la Grande-Bretagne, un tel salaire peut être fixé en fin de compte autrement que par des autorités nationales.» La *Fédération des mineurs* s'appuya sur ce texte et publia, en même temps, des statistiques desquelles il résultait qu'avec les nouveaux salaires, les mineurs perdraient, suivant les régions, d'un cinquième à un quart du prix de leur travail quotidien. Les compagnies reconnurent qu'elles offraient, suivant le mot de leur représentant, M. Evan Williams, des salaires «tout à fait misérables», mais elles s'empressèrent d'ajouter que les mineurs pourraient obtenir l'équivalent de leurs salaires actuels s'ils consentaient à travailler huit heures par jour et non plus sept.

Le 23 avril, les préavis de lock-out, au cas où aucun accord n'interviendrait dans la huitaine, furent affichés dans tous les puits de mine du royaume.

La situation était grave, menaçante.

Dans la journée du 30, les compagnies firent de nouvelles propositions que les mineurs rejetèrent comme contraires aux conclusions de la commission Samuel. En même temps, ils demandèrent la suspension, pendant quinze jours, du préavis de lock-out afin de rendre possible la continuation des négociations.

M. Baldwin leur rappela les termes du rapport Samuel et demanda, ensuite, à la commission spéciale de la Trade Union de poser aux mineurs la question suivante : «Si l'on étendait la période de négociations, les représentants des mineurs accepteraient-ils les propositions du rapport Samuel tendant à une réduction du salaire minimum?» Les mineurs donnèrent une réponse négative. Une heure après, à minuit, le 30 avril, le conseil des ministres décida qu'il n'y avait pas lieu de maintenir le subside accordé aux charbonnages. Le lock-out commença aussitôt.

La situation était à peu près identique à celle de la fin du mois de juillet 1925 : les mineurs considéraient intangibles la durée de la journée de travail et le taux minimum des salaires.

Les ouvriers défendaient la situation lamentable dans laquelle se trouvaient alors les sociétés charbonnières. D'un autre côté, ils n'auraient pas dû demander le maintien de l'expédient imaginé en juillet 1925, dont aucun gouvernement ne pouvait continuer à assumer la charge sans s'exposer à compromettre la situation financière du pays puisque son application, pendant neuf mois, avait coûté au Trésor plus de 24 millions de livres sterling.

Quoi qu'il en soit, dans la nuit du 30 avril au 1ᵉʳ mai, le gouvernement a pris toutes les mesures nécessaires pour assurer l'ordre et le maintien de l'activité nationale. En août 1925, il avait été surpris par les événements et, comme il n'était pas en mesure de soutenir la lutte, il avait cédé et le Trésor avait sauvé la situation. Aujourd'hui, tout a été sagement prévu et cela était d'autant plus utile qu'il savait très bien que ce mouvement allait prendre une grande envergure. Dès le 29 avril, en effet, au Conseil général des Trade Unions, qui avait convoqué le Congrès spécial des *Unions* affiliées au *Trade Unions Congress*, Cook, en présence de Brown, un des secrétaires de l'*Internationale* d'Amsterdam, d'Henderson, de Clynes et de Mac Donald, avait déclaré qu'il était certain que le Congrès et tout le mouvement ouvrier seraient derrière les mineurs. Le comité central du parti communiste avait, de son côté, adressé au Congrès une lettre dans laquelle il disait que le sort des ouvriers anglais dépendrait de l'action qu'ils décideraient. «Les mineurs défendent leur standard de vie existant, lequel est reconnu comme déjà insuffisant, et il se trouve des chefs officiels du mouvement ouvrier qui font l'impossible pour faire accepter un compromis qui signifierait une défaite. Votre devoir est clair : ou vous soutiendrez les mineurs, ou bien vous aiderez les propriétaires, il n'y a pas de milieu. La politique de collaboration signifie un nouveau *vendredi noir*.»

Avant d'avoir acquis la certitude que la bataille s'engagerait, le 1ᵉʳ mai, entre les propriétaires de mines et les 1.300.000 mineurs britanniques, les deux comités internationaux de propagande des mineurs et des transports lancèrent ce manifeste :

A tous les travailleurs du sous-sol et des transports.

Un formidable conflit se prépare en Grande-Bretagne. Un million un quart de mineurs anglais s'apprêtent à entrer en lutte le 1ᵉʳ mai. En effet, les exploitants miniers veulent diminuer les salaires de

10 p. 100 en moyenne, allonger leur journée de travail et diviser les mineurs anglais en les obligeant à conclure des contrats régionaux au lieu du contrat national actuellement en vigueur…; les mineurs anglais combattent pour les intérêts vitaux du prolétariat.

Et c'est pour cela que la bourgeoisie désire ardemment la défaite des mineurs britanniques : leur échec serait un coup terrible porté aux travailleurs de tous les pays. Il servirait de signal à l'offensive capitaliste contre toutes les couches du prolétariat anglais.

Une lutte difficile se déroulera en Angleterre. Les mineurs ont à résister à l'offensive conjuguée de tous les capitalistes du gouvernement conservateur. De plus, les exploitants miniers étrangers sont prêts à venir au secours de la bourgeoisie anglaise en lui fournissant du charbon.

Face au front unique de la bourgeoisie mondiale, il faut dresser le front unique des travailleurs de tous les pays.

Camarades, travailleurs du sous-sol et des transports, préparez-vous à aider les mineurs anglais.

Soyons prêts à empêcher les transports de houille en Angleterre, destinés à écraser la grève des mineurs.

Mineurs d'Allemagne et d'Amérique, de Pologne et de Tchécoslovaquie, de France et de Belgique, préparez-vous à soutenir vos frères anglais!

Travailleurs des transports de tous les pays! Cheminots, travailleurs des transports fluviaux, marins! Le sort de la grève anglaise est entre vos mains. Soyez attentifs. Empêchez l'envoi de la houille en Angleterre. Ne tolérez pas que la grève des mineurs soit étranglée de vos mains.

Travailleurs du sous-sol et des transports! Agissez solidairement pour aider les mineurs anglais. Exigez de vos syndicats qu'ils viennent au secours des camarades anglais. Camarades des transports! Travailleurs des mines! le sort des mineurs anglais dépend de vous.

> *Le Comité national*
> *de propagande et d'action*
> *des mineurs révolutionnaires.*
>
> *Le Comité international*
> *de propagande et d'action*
> *des travailleurs révolutionnaires des transports.*

Deux conférences très importantes ont été tenues dans la matinée du samedi 1ᵉʳ mai. D'une part, celle des délégués mineurs, en présence du comité exécutif, a discuté la politique à suivre pendant la crise qui venait de s'ouvrir. D'autre part, le *conseil général* des comités exécutifs des 205 *Unions* affiliées au *Trade Unions Congress* et représentant quatre millions de membres a voté la grève générale de tous les services essentiels de la nation, à partir du lundi 3 mai, minuit, si, d'ici là, le conflit minier n'était pas réglé.

Cet ordre s'appliquait, d'après le journal *l'Humanité*, aux transports, y compris les Chemins de fer, les transports par mer, les docks, les ports, les transports par route et par voie fluviale, les services techniques des chemins de fer, les services d'entretien des voies, les services d'aviation et les ateliers de réparations des chemins de fer; au Livre, y compris les journaux; à l'industrie du fer et de l'acier; à l'industrie du bâtiment, à l'exception des ouvriers employés à la construction des maisons ouvrières et dans les travaux des hôpitaux; aux industries de l'électricité et du gaz; les syndicats dont les membres travaillent dans les usines d'énergie électrique devront cesser de fournir cette énergie dans des buts industriels. Le gaz ne sera pas fourni non plus pour ces mêmes buts.

Il s'agit là, pour le moment, de ce qu'on a appelé alors les industries de première ligne, la « première ligne d'assaut » comprenant, outre les mineurs directement intéressés, 2 millions et demi d'ouvriers appartenant aux industries les plus nécessaires au pays.

Les industries auxquelles aucun ordre n'a été donné conservent leur activité, bien entendu, dans les limites où la situation le permet, suivant les régions et les entreprises. Certaines furent obligées de s'arrêter sans tarder, faute de combustible, de matières premières ou de moyens de transport.

Cette importante décision a été prise, au milieu d'un grand enthousiasme, par 3.653.527 voix contre 49.911

Lorsque Smith, le président de la *Fédération des mineurs*, la rapporta au Congrès des mineurs, les délégués se levèrent et chantèrent l'*Internationale*.

Le prolétariat anglais s'engageait, ainsi, dans une lutte qui, sans aucune exagération, peut être qualifiée de formidable. N'oublions pas, dit *l'Humanité* du 2 mai, qu'avant de s'attaquer aux mineurs, la bourgeoisie anglaise s'était attaquée aux cheminots, aux mécaniciens, aux ouvriers du bâtiment. En de telles conjonctures, la victoire ou la défaite des mineurs anglais devait être la victoire ou la défaite de la classe ouvrière britannique.

Cela seulement? Non point. Que le front unique se réalise de l'autre côté du canal et ce sera pour les travailleurs d'Europe le signal d'un renouveau, l'aurore d'une offensive ouvrière victorieuse.

« ... En ces heures graves, les travailleurs d'Angleterre sont les dépositaires des destinées du mouvement ouvrier international. »

Et c'est pour cette raison que le *Times* a dit que cette grève était une menace faite à la nation, la plus grande dont elle ait été l'objet depuis la chute des Stuarts.

A la faveur du *week end*, les négociations furent poursuivies jusqu'au lundi matin.

Dans la journée du dimanche 2, le gouvernement, après de nouveaux échanges de vues avec le Congrès des Trade Unions, chercha un terrain d'entente. Tous ses efforts restèrent vains et, dans la nuit, avant de quitter Downing Street, le secrétaire général du syndicat des mineurs, M. Cook, dit : « Tout est fini. »

La rupture était certaine, inévitable.

Dans la nuit, le ministère de l'Intérieur a publié la proclamation suivante :

« Bien que des discussions soient encore en cours à la suite de la démarche du *Congrès de la Trade Union*, le pays doit se préparer à une grève générale dès ce soir. Le gouvernement a pris toutes les mesures pour maintenir la distribution des vivres, des combustibles, de la lumière, de la puissance électrique et la protection de toutes les personnes engagées dans ses services et pour le maintien de la loi et de l'ordre. Des bureaux de recrutement pour les volontaires seront ouverts aujourd'hui, et tous les citoyens loyaux doivent se tenir prêts à donner leur aide au gouvernement. »

Enfin, M. Baldwin a adressé à la nation, par la radiotéléphonie anglaise, le message suivant :

« Gardez votre calme. La paix sur la terre vient aux hommes de bonne volonté. »

C'était la lutte, la lutte complète, sans merci. Elle était inéluctable depuis la décision prise par les ouvriers, le 1er mai, alors qu'ils ont fait peser une grave menace sur les négociations engagées par le gouvernement, qu'ils ont mêlé des considérations d'ordre politique à un conflit essentiellement économique.

Le 2 mai, l'arrêt du travail a été complet dans tous les charbonnages, le lock-out des mineurs absolu dans toute l'Angleterre. L'ordre n'a été troublé nulle part. Il n'est resté aux mines que les hommes nécessaires à la sécurité des puits et quelques employés de l'administration.

Dans la nuit du 2 au 3, à minuit, l'irrémédiable s'est accompli : la grève générale a été déclenchée; quatre millions d'ouvriers ont cessé le travail, alors que leurs intérêts professionnels n'étaient pas directement en cause, ce qui enlevait à leur intervention le caractère d'un conflit du travail et lui donnait un caractère nécessairement révolutionnaire.

Jamais un gouvernement britannique n'avait eu à soutenir une pareille lutte contre le prolétariat aussi puissamment organisé. Une grande bataille sociale est engagée. L'intérêt qu'elle présente dépasse les frontières de l'empire britannique et revêt un caractère mondial.

Les deux thèses en présence ont été résumées dans deux grands journaux à tendances diamétralement opposées : *l'Humanité*, organe central du parti communiste (S. F. I. C.), et le *Temps*.

L'Humanité du 4 mai s'exprime ainsi dans son éditorial :

« Il n'est pas un prolétaire français à qui échappe la gravité des heures historiques que vivent nos camarades de Grande-Bretagne.

« Une population de mineurs, réduite depuis les années de victoire à une situation misérable, et à qui l'on demande encore une réduction de salaire et l'augmentation des heures de travail, dans l'intérêt du patronat minier; un prolétariat qui compte une moyenne d'un million de chômeurs; un pays où le socialisme a déjà grignoté plus qu'à demi le libéralisme; un trade-unionisme où l'esprit révolutionnaire s'est infiltré patiemment et sûrement; quatre millions de travailleurs prêts, pour soutenir leurs camarades mineurs, à paralyser, sur un ordre de grève générale, la tête de l'énorme puissance britannique.

« En face, l'État anglais; derrière lui, l'Empire, la finance anglaise, le fascisme anglais. De part et d'autre, l'abjuration des vieilles croyances traditionnelles en l'hypocrite liberté...

« ... Une atmosphère d'heure H. »

Le *Temps* du même jour, 4 mai, condamne *à priori* la grève générale à laquelle il attribue un caractère révolutionnaire. « ... Elle a pour but, dit-il, de paralyser l'activité générale d'un pays, d'atteindre un peuple entier dans l'ensemble de ses intérêts, de menacer l'ordre établi... une pareille attitude constitue un défi aux droits et à la liberté de la nation. C'est un terrain sur lequel aucun gouvernement britannique, fût-il de gauche, ne saurait admettre la discussion. On ne compose pas avec l'esprit d'insurrection; on ne transige pas avec ceux qui s'affirment en état de révolte contre la nation. »

Le même journal ajoutait le lendemain : «... C'est de la source de toutes ces erreurs et de toutes ces fautes qu'est faite la crise actuelle. « Ce ne sont pas les salaires qui sont en péril, a dit hier, «M. Stanley Baldwin, mais les libertés mêmes de notre Consti- «tution. » Cette parole définit exactement la situation. Le peuple anglais est engagé dans une lutte sans merci contre le danger que créent les forces démagogiques qui se réclament du socialisme, mais que, déjà, Moscou attire et inspire. Du salut de la liberté anglaise dépendra, dans une certaine mesure, la paix sociale en Europe. »

Comment, dès le début et par la suite, cette grève générale a-t-elle revêtu un caractère essentiellement politique ?

Dès le premier jour, les organisations ouvrières et le parti communiste des deux continents s'intéressèrent à elle.

Le deuxième jour, c'est-à-dire, le mercredi, 5 mai, à la Chambre des Communes, le ministre de l'Intérieur, sir William Yoyson Hicks, en exposant les raisons pour lesquelles le gouvernement avait cru devoir demander les pouvoirs exceptionnels, considéra la grève générale sous son véritable jour et il termina son discours en citant ce passage d'un livre de M. Mac Donald sur le *syndicalisme* : «. . . La grève générale n'est pas une arme de ré- forme, un moyen de relever les salaires et d'améliorer les conditions du travail comme les grèves ordinaires. Elle est d'ordre purement spéculatif et dominée par des idées révolutionnaires. Elle élève les prix et atteint le plus violemment les pauvres, beaucoup moins la classe moyenne, les riches le moins de tous. Les syndicalistes croient que dans une grève générale le temps travaillera pour eux. C'est exactement le contraire; le temps travaillera contre eux. La société s'organisera de jour en jour contre eux parce que la société, comme l'individu, veut vivre. »

Le même jour, 5 mai, le parti communiste a publié un bulletin, tiré à la machine *Ronéo* et qui avait pour titre; *Workers Bulletin*. Cette feuille, mise en vente au prix d'un penny, reproduit une énergique proclamation qui se termine par ces mots : «Demandez la démission du gouvernement de faussaires; formez un gouvernement ouvrier. »

Dans les milieux révolutionnaires, la propagande devient de plus en plus active.

Le bureau exécutif de l'*Internationale syndicale* rouge de Moscou convie les ouvriers du monde entier à appuyer les grévistes britanniques [1].

D'un autre côté, le *Comité central du parti communiste* (S. F. I. C.) lance un manifeste qui, avec une franchise indiscutable, précise le caractère de la lutte entreprise par le prolétariat anglais :

« ... Aujourd'hui est déclenché le conflit le plus immense et le plus profond que l'Angleterre ait jamais vu.

« ...La grève générale ne peut d'ailleurs pas rester une lutte purement économique. La bourgeoisie et le gouvernement anglais mobilisent toute la puissance d'État, organisent des troupes spéciales contre les ouvriers et aident les groupements fascistes... La grève générale a le caractère d'une lutte politique d'une classe contre une autre, du prolétariat contre les capitalistes. La question du pouvoir se pose devant la classe ouvrière anglaise, qui, déjà, voit le néant de la démocratie libérale et comprend que, seule, la réalisation du socialisme peut arrêter son abaissement social... »

Le second numéro de la *British Gazette* contient le message suivant, adressé par M. Baldwin au peuple anglais, le jeudi 6 mai :

« Le gouvernement constitutionnel est attaqué. Que tous les bons citoyens dont les moyens d'existence et le travail ont été, de ce fait, mis en péril, supportent avec courage et patience toutes les misères auxquelles ils ont dû faire face soudainement. Tenez-vous derrière le

---

[1] « ...Toute la bourgeoisie anglaise est avec les propriétaires des mines. Mais les mineurs ont derrière eux tout le prolétariat d'Angleterre et les travailleurs du monde entier. La lutte a commencé. Des millions de prolétaires anglais se sont dressés solidairement comme un seul homme contre les exploiteurs...

« Tous les ouvriers, sans distinction de tendance, doivent donner leur aide sans réserve à nos frères en lutte.

« Que pas une tonne de houille n'entre en Angleterre !

« Boycottage de toutes les commandes anglaises aux autres pays !

« Refus de transporter en Angleterre toute marchandise ! »

gouvernement qui joue son rôle, dans la confiance que vous coopérerez avec lui pour les mesures qu'il prend afin de préserver les libertés et les privilèges de ses villes. Les lois de l'Angleterre sont le droit de naissance du peuple; ces lois sont entre vos mains. Vous avez fait le Parlement leur défenseur. La grève générale est un défi au gouvernement, et la route vers l'anarchie et la ruine.

Stanley BALDWIN. »

Le vendredi 7 mai, la *Fédération des mineurs* tchéoslovaques a adressé au ministre du Travail et à l'*Union des organisations patronales* une lettre leur déclarant qu'en vertu d'une décision de l'exécutif bruxellois, l'*Union Internationale des mineurs* ne saurait admettre une augmentation des exportations de charbon dans une mesure susceptible de porter atteinte à l'action des mineurs anglais.

M. Tchitchérine a déclaré aux ouvriers, à Riga, que cette grève était un premier avertissement pour la bourgeoisie anglaise d'avoir à se préparer à une guerre sanglante et inévitable contre le prolétariat.

Le leader travailliste anglais Tom Mann s'est rendu à Moscou pour demander au gouvernement soviétique de donner aux grévistes anglais son appui matériel.

A Moscou, le bureau exécutif de l'*Internationale des syndicats rouges* a décidé de convoquer prochainement, à Paris, une conférence des organisations syndicales de France, de Belgique, de Tchécoslovaquie, des Pays-Bas et d'Allemagne, adhérentes à l'*Internationale syndicale rouge,* afin d'élaborer les mesures à prendre pour venir en aide aux grévistes anglais.

Les ouvriers du port d'Anvers ont décidé, tout comme les dockers hollandais, français et allemands, de refuser de transporter du charbon pour l'Angleterre.

D'après une dépêche adressée de Montréal à l'agence Reuter, les Canadiens promettent leur concours moral et matériel.

Par l'intermédiaire de la *British Gazette,* lord Oxford et Asquith ont adressé au pays cet éloquent appel :

« Rien ne serait plus contraire à la réalité que de supposer que l'attitude actuelle de notre peuple constitue un acte d'hostilité à l'égard des droits d'association dans l'industrie. Bien qu'ils entraînent toujours de gros inconvénients pour le public, les lock-out et les grèves peuvent être et sont souvent en dernier ressort justifiables et même nécessaires; mais le défi qui vient d'être lancé et relevé affecte un caractère tout différent. Une grève générale telle que celle qu'on s'efforce actuellement d'aggraver est une menace directe à l'existence même de la communauté.

« Ceux qui en souffrent le moins, ce sont les capitalistes et les ploutocrates; ils ont à leur service tout l'appareil de l'opulence, et les petits inconvénients auxquels ils sont exposés ne sont que de très faibles piqûres d'épingle qu'ils endurent et qu'ils oublieront facilement. Les véritables victimes de la grève générale sont les hommes et les femmes qui doivent peiner journellement pour gagner leur vie et celle de leurs enfants. Ce sont ceux pour qui les communications régulières et à bon marché entre leur domicile et leur chantier sont une nécessité primordiale, ceux enfin pour qui une réduction ou un accroissement de prix des simples commodités de l'existence et de la nourriture signifie une privation; ce sont ceux-là qui, en fin de compte, auront à subir le fardeau.

« Nous aurions perdu tout sens d'amour-propre si nous permettions à n'importe quelle section de la communauté, agissant de son propre gré et pour quelque motif que ce soit, d'arrêter la vie industrielle et sociale de toute la nation. Ce serait consentir au remplacement d'un gouvernement libre par une dictature. C'est ce que le peuple britannique ne fera jamais. Nous souhaitons, le plus tôt possible, une reprise des négociations et, par là, le retour de nos districts miniers à une ère de paix et de reconstruction, mais, tout d'abord, l'arme antisociale qui a été inconsidérément tirée doit être remise au fourreau.

Lord Oxford et Asquith. »

Le samedi 8 mai, les ouvriers du port d'Anvers ont reçu l'ordre de leur syndicat d'empêcher les départs de tous les vapeurs qui prendraient un plein chargement de charbon quelle que soit leur destination et ce, pour éviter que les charbons ne parviennent en Angleterre par des chemins détournés.

Le *Conseil général des syndicats de l'Union soviétique* a fait parvenir au *Conseil général des Trade Unions* deux millions de roubles, second versement des sommes recueillies par les syndicats soviétiques en faveur des grévistes anglais.

Les marins et ouvriers des ports soviétiques ont déclaré une grève partielle qui s'est étendue à tous les vaisseaux anglais se trouvant dans les ports de la mer Noire, de la mer d'Azof et du port de Léningrad. 8.000 ouvriers participent à cette grève.

L'*Union des syndicats ouvriers* allemands a décidé de venir en aide, foncièrement, aux grévistes anglais en organisant des collectes dans tout l'empire.

En Amérique, le *Président de la Fédération du travail*, M. Green, a soumis au *conseil exécutif de la Fédération* une proposition à l'effet de permettre à chacune des sections de la *Fédération* de demander à ses membres d'envoyer de l'argent au *Congrès des Trade Unions*.

L'*Union syndicale des marins* de France a adressé l'appel suivant à ses adhérents :

« Il faut que tous les marins français remplissent leur devoir de classe; il faut qu'oubliant les questions de tendance tous les parias de la mer se tiennent prêts à répondre à l'appel des organisations syndicales pour assurer le triomphe du prolétariat anglais!

«Aucun marin conscient ne doit naviguer sur un navire transportant des passagers ou marchandises destinés aux navires anglais, ni embarquer sur aucun navire anglais! »

La Commission administrative de la *Confédération générale du travail* a pris les dispositions nécessaires pour assurer rapidement aux travailleurs anglais une importante aide financière par le moyen d'un versement immédiat et d'un appel général aux organisations françaises. En même temps, elle a proclamé que l'importance et l'ampleur sociale et mondiale de ce conflit imposaient la solidarité ouvrière la plus vigilante et la plus active.

Le sixième jour, dimanche 9 mai, à l'étranger, l'activité des éléments syndicalistes et communistes est toujours aussi grande.

On télégraphie de Moscou que la *III* Internationale des syndicats rouges* a proposé, au cours d'une séance des comités exécutifs, à la *II* Internationale* et à la *Fédération des syndicats ouvriers* d'Amsterdam, d'organiser une campagne commune d'assistance aux ouvriers anglais et chargé une délégation composée de M. Taelman (Allemagne), Semard et Monmousseau (France), Dogadof (Russie), et Ilekka (Tchécoslovaquie) de négocier cette affaire.

Le Comité exécutif de l'*Internationale communiste* adresse au prolétariat mondial, en faveur des ouvriers britanniques, un très énergique appel qui se termine ainsi :

«... Prolétaires de tous les pays, debout pour la lutte!

«L'Unité, la solidarité internationale! Voilà le mot d'ordre du jour!

«Apportez une aide matérielle, énergique, ardente, immédiate, à vos frères anglais!

«Toute une série d'organisations ouvrières, tous les syndicats de l'U. R. S. S. apportent déjà une aide réelle aux ouvriers anglais!

«Comités d'action dans tous les pays!

«Que la lutte soit plus forte et plus organisée. Par toutes vos forces, par tous vos moyens, venez en aide au prolétariat anglais!

«Vive le front unique et la solidarité internationale des ouvriers de tous les pays!»

La Commission de l'*Union syndicale* suisse, réunie à Olten, a adressé à la classe ouvrière suisse un appel en faveur de la grève anglaise et a adressé au Congrès de la Trade Union un télégramme pour assurer les syndicats anglais de son inébranlable solidarité et leur annoncer qu'une action est ouverte pour soutenir les grévistes anglais.

Enfin, la *Conférence d'organisation* des communistes de la région parisienne a pris l'engagement d'appliquer et de faire appliquer par les travailleurs de la région toutes les décisions de boycottage pouvant aider les ouvriers anglais dans leur bataille contre l'impérialisme britannique. Elle a insisté, en outre, sur la nécessité pour chaque membre du parti, pour chaque organisme, de développer, de renforcer son activité syndicale pour un plus grand recrutement syndical et vers la réalisation de l'unité syndicale.»

Le Comité exécutif du *Syndicat international* des mineurs et le Comité du *Syndicat international des transports* se sont réunis, le lundi 10 mai, à Ostende, à la demande des Anglais. Ils ont décidé de s'en tenir à la stricte exécution de la décision prise, à Bruxelles, le 16 avril, par le Comité exécutif du *Syndicat international des mineurs* et relative à l'entrave de toutes les exportations de charbon en Angleterre.

Le Comité exécutif du *Syndicat international des transports* a décidé de mettre en œuvre ses résolutions antérieures, tendant toutes à supprimer tous transports de charbon des ports européens vers l'Angleterre.

Les deux comités ont rédigé une résolution commune, affirmant leur solidarité avec les grévistes anglais.

Le *Syndicat régional* des mineurs de Sydney a annoncé qu'il coopérait par tous les moyens possibles avec les grévistes britanniques et qu'il allait s'opposer à l'envoi de charbon en Grande-Bretagne.

En France, le *Syndicat de fonctionnaires* a adopté l'ordre du jour suivant :

« Le syndicat des agents des contributions indirectes félicite chaudement les Trade Unions anglaises pour le grand mouvement de masse qu'elles viennent de déclencher.

« Il les assure de sa solidarité la plus entière et décide de leur apporter son concours financier dans toute la mesure de ses moyens.

« Il marque l'admirable exemple d'unité et de force donné par la classe ouvrière anglaise.

« Le jour où cet exemple sera suivi partout, le jour où l'unité sera réalisée nationalement, le capitalisme aura vécu. »

Comme les agitateurs russes qui parcourent l'Angleterre deviennent de plus en plus nombreux et dangereux, le *Daily Mail* demande au gouvernement de prendre contre eux les mesures les plus énergiques [1].

A mesure que les jours s'écoulent, le gouvernement considère comme inévitable l'échec de la grève générale, ainsi que cela résulte d'une déclaration faite par M. Baldwin, à l'intention de la presse américaine. « ... Quand la grève sera terminée, a-t-il ajouté, la nation anglaise aura, en la faisant avorter, accompli beaucoup pour protéger les institutions politiques du monde entier. Le gouvernement

---

[1] Ce journal écrit à ce sujet :

« Les Soviets de Moscou suivent de près le mouvement de grève générale en Grande-Bretagne et il n'est pas douteux que les bolchevistes ne souhaitent son extension, ainsi que le prouve l'envoi d'un chèque important au Congrès de la Trades Union, chèque que le Conseil général du Congrès de la Trades Union déclare d'ailleurs avoir refusé. Mais le public désire savoir si le gouvernement est convaincu que le mouvement de grève n'est pas alimenté par de l'argent russe. Un grand nombre de députés conservateurs estiment que le gouvernement ne devrait pas hésiter, sans s'embarrasser de considérations diplomatiques, à expulser de Grande-Bretagne toutes les organisations soviétiques. Il y a actuellement, en Grande-Bretagne, environ 500 agents soviétiques faisant partie, soit de l'agence diplomatique, soit de l'agence commerciale et de ses dépendances. Tous ces agents sont des communistes déclarés et leur mission et leur désir sont de profiter de la situation actuelle pour servir la cause de la guerre de classe internationale et de la révolution. »

continuera, bien entendu, à protéger les droits légitimes des Trade-Unions. Mais le pays a montré que, ni maintenant, ni dans l'avenir, il ne tolérerait de la part d'une organisation quelconque une intervention anticonstitutionnelle dans les affaires politiques de la nation. »

L'un des faits les plus importants du huitième jour de grève a été l'ordre de grève lancé par le *Conseil général des Unions des mécaniciens et des ouvriers des chantiers de construction*. Les « forces de seconde ligne » commencent ainsi à entrer en jeu.

Cet ordre de grève s'applique à toutes les *Unions* de l'industrie mécanique et aux ouvriers des chantiers navals de construction affiliés au *Trade Unions Congress*. Il ne vise pas les chantiers du gouvernement, les établissements de l'amirauté et les ateliers de mécanique de l'État.

Il est à remarquer que cet ordre, qui ne fut pas suivi avec le même empressement que celui du 1er mai, n'avait, en réalité, qu'une importance relative car la grève persistante des premières industries, dont les secondes dépendaient dans une large mesure, aurait nécessairement commandé le chômage complet de ces dernières.

Le mercredi 13 mai, le Conseil du *Congrès de la Trade Union* conféra avec les membres du gouvernement. A la suite de cette entrevue, la Trade Union annula l'ordre de grève générale.

C'était là un événement d'une grande importance historique, la capitulation entière et sans condition du *Conseil général du Congrès de la Trades Union*.

Cette nouvelle a été accueillie par l'Empire britannique avec un réel soulagement et un enthousiasme profond. La foule s'est portée immédiatement à Downing Street pour acclamer M. Baldwin aux cris de : *Good old Baldwin* et, partout, le succès du gouvernement conservateur a été acclamé en même temps que la presse a manifesté la plus vive satisfaction. Le jugement du *Daily Telegraph* est à retenir : « La grève générale, qui s'est effondrée d'une façon complète, inconditionnelle et ignominieuse, fut une gigantesque et criminelle folie. »

Dès l'annulation de l'ordre de grève générale, le roi a adressé le message suivant à son peuple :

« La nation vient de traverser une période d'extrême anxiété. On a annoncé aujourd'hui que l'on a mis fin à la grève générale. A un pareil moment, il est d'importance suprême de réaliser l'union dans mon peuple pour faire face à la situation difficile qui se présente encore. Cette tâche demande la coopération de tous les gens capables et animés de bonnes dispositions. Même avec une pareille assistance, la tâche sera difficile, quoique pas impossible. Oublions l'élément d'amertume que les événements de ces derniers jours ont pu créer, nous souvenant seulement à quel point le pays est resté calme et ordonné, bien que soumis à une épreuve rigoureuse, et entreprenons immédiatement la tâche de faire naître une paix qui sera durable, parce qu'oubliant le passé et n'envisageant que l'avenir avec l'espoir d'un peuple uni.

GEORGES, I. R. »

De son côté, M. Baldwin, dans le message qu'il a transmis à la nation par radiophonie, s'est exprimé ainsi :

« La grève générale s'est terminée comme il fallait qu'elle se terminât, ainsi que je l'ai déclaré clairement au cours de mon discours à la nation, il y a quelques jours, à savoir sans que le Parlement s'engage à quoi que ce soit. Aucun gouvernement en face d'une menace n'aurait pu entrer en négociations, sans saper la base même de notre Constitution. Je m'en suis tenu à l'esprit et à la lettre du discours que j'ai prononcé il y a quelques jours. Notre tâche n'est pas de triompher, mais de nous tenir dans l'œuvre de restauration. Je reprendrai, à brève échéance, les négociations au sujet de la question charbonnière. »

Ceux qui ont été, tout au moins en apparence, la cause première de la grève, les mineurs, ont protesté immédiatement contre ce qu'ils ont appelé un « lâchage » du *Conseil général*, la précipitation avec laquelle les propositions Samuel auraient été acceptées sans qu'ils aient eu, eux-mêmes, la possibilité de les examiner et de les discuter.

Il est hors de discussion que le parti ouvrier a subi un grave échec le 12 mai, ainsi du reste qu'il a eu la franchise de le reconnaître finalement.

Dans son numéro du même jour et sous le titre : « *Grève anglaise. La solidarité ouvrière a fait reculer la bourgeoisie britannique. L'ordre de lock-out est retiré et les Trade Unions ont ordonné la cessation de la*

4.

grève. Les mineurs rentrent aux puits aux mêmes conditions de travail qu'avant le 1ᵉʳ mai, l'*Humanité* a annoncé la cessation de la grève dans les termes suivants, qui prouvent qu'elle n'était pas, à ce moment, très exactement renseignée : «L'ordre de lock-out est retiré. *Le Conseil central des Trade Unions* a lancé l'ordre de cessation de la grève. Baldwin a cédé... Les mineurs rentrent aux puits avec les mêmes conditions de travail qu'avant la grève. Les subventions sont prolongées pour trois mois... La vieille Angleterre capitaliste, lente, puissante et traditionnelle, a reçu un coup en pleine poitrine. Elle chancelle. »

Le lendemain, nouvelle attitude.

Sans doute «la solidarité ouvrière a fait fléchir le gouvernement Baldwin, mais le *Conseil général des Trade Unions* a été comme atterré par ce résultat... Il fallait frapper fort et juste quand la bourgeoisie britannique était prise de panique et contrainte à céder : le *Conseil général*, lui, a reculé. Le *Conseil général* a eu peur. Là où les combattants auraient de haute lutte arraché la victoire, les politiciens des communes ont consenti à la capitulation déshonorante.

«... Voilà le tragique résultat de la journée d'avant-hier. Il sera ressenti douloureusement par tous les ouvriers d'Europe... Le *Conseil général* des Trade Unions a abdiqué. Les mineurs, eux, résistent. Ils n'ont pas accepté le compromis qui cachait un guet-apens... »

La grève générale anglaise de mai 1926 a donc été, avant tout, un mouvement révolutionnaire et non point économique.

M. G. Monmousseau n'a-t-il pas écrit dans l'*Humanité* du 12 mai 1926 : «On ne soulignera jamais assez que du sort de la grève anglaise dépend le sort du prolétariat dans tous les pays, — que les salaires diminués, que la journée de travail augmentée en Angleterre, c'est, par le jeu de la concurrence, la situation du prolétariat mondial battu en brèche. La guerre de classe est déclarée là-bas, des millions d'ouvriers sont dans la bataille; la lutte est chaude, c'est la victoire qu'il s'agit d'arracher... »

La vérité est bien que la grève générale a été une guerre entre le pouvoir constitutionnel et le pouvoir syndical. Lorsque les organisateurs de la grève générale prétendent qu'il ne s'est agi que d'une question de salaires à débattre entre les propriétaires des mines et les mineurs, ils cherchent à dissimuler l'action extérieure de la *IIIᵉ Internationale* dans cette œuvre de désorganisation sociale.

La crise minière résume les difficultés économiques de l'après-guerre, révèle le danger qui menace l'État politique, victime de la propagande révolutionnaire.

Il est arrivé en Angleterre ce qui a eu lieu partout ailleurs : le jour où les syndicats professionnels ont reçu le droit de se grouper en *Unions* et en *Confédérations*, le caractère professionnel s'est effacé devant le caractère politique. Abrités derrière les lois qui leur donnent le droit de constituer un État dans l'État, les chefs travaillent surtout à l'application méthodique de leurs doctrines.

Cela n'a pas échappé au gouvernement anglais.

Dès la première heure, le 4 mai, à la Chambre des Communes, M. Stanley Baldwin et M. Winston Churchill ont présenté la situation sous son véritable jour et montré ses dangers. Faisant allusion à la grève générale, le premier ministre a dit : « J'ai dû me rendre à cette évidence que le gouvernement régulier se trouvait défié par un gouvernement irrégulier. » En effet, un comité central des organisations ouvrières se substituait au gouvernement du roi, issu de la majorité parlementaire, afin d'imposer sa volonté à 45 millions d'Anglais pour assurer à trois millions de travailleurs des conditions que l'état de l'industrie ne permettait pas de leur donner.

Qui pourrait blâmer M. Baldwin d'avoir affirmé sa résolution dans les termes suivants : « Le pays brisera la grève générale ou la grève générale brisera le pays » ?

Et c'est parce qu'elle est destructrice de tout ordre social que, dès la première heure, le parti communiste n'a pas cherché à dissimuler le caractère qu'il désirait imprimer à la grève générale et lui conserver.

C'est ainsi que, dans *l'Humanité* du 8 mai, sous le titre : *Bataille internationale!* il est dit que, le lundi 4 mai, lorsque la cloche de Westminster sonna les douze coups de minuit, la foule ouvrière qui, devant le *Memorial Hall*, attendait, fiévreuse, impatiente, entonna l'hymne du *Drapeau rouge*. Ce que saluaient les ouvriers de Londres, ce n'était pas seulement l'aurore d'une lutte décisive du prolétariat britannique. C'était l'aurore d'une grande « bataille internationale ». L'issue de cette bataille présentera un intérêt qui s'étendra bien au delà des frontières de l'empire britannique puisque le sort des prolétaires de tous les pays est lié à la destinée des grévistes de Grande-Bretagne. « Impossible d'échapper à ce dilemme : Les grévistes anglais vaincront et, partout, le monde du travail, avec une vigueur accrue, se lancera à l'assaut du capitalisme. Ou bien les ouvriers d'Angleterre seront écrasés et ce sera, pour l'ensemble des travailleurs, la défaite la plus grave, aux conséquences les plus durables. »

Le Président de l'*Internationale communiste*, G. Zinovief, a pris hardiment parti en faveur des grévistes anglais : il a envoyé, par avion, au journal *l'Humanité*, un article qui a paru dans le numéro du 11 mai :

« Quatre millions et demi d'ouvriers ont abandonné le travail. C'est la grève générale. L'Angleterre est en état de guerre...

« Quand, en 1920, les ouvriers anglais formèrent, pour la première fois, le fameux *Comité d'action*, Lénine écrivait : C'est là un formidable revirement dans toute la politique anglaise. A côté du Parlement qui, maintenant, est élu presque au suffrage universel (depuis 1918), surgit un *Comité d'action* qui s'appuie sur les ouvriers et les syndicats. C'est un revirement considérable dans toute la politique anglaise. Pour l'Angleterre il est aussi important que, pour nous, la révolution de février 1917.

« ...Le grand mouvement des ouvriers anglais était formellement, au début, un mouvement économique mais il n'a pas tardé à revêtir un caractère profondément politique. »

Et, pour justifier cette affirmation, le grand révolutionnaire russe s'appuie sur Engels qui a toujours affirmé la liaison de l'économie politique avec la politique et pensé qu'en Angleterre les intérêts, et non la politique, feraient surgir la révolution. Il conclut ainsi : « Ce qui s'est déjà passé en Grande-Bretagne ouvre une nouvelle ère dans le mouvement anglais et mondial. Nous sommes aujourd'hui à un des chapitres les plus importants de l'histoire du mouvement ouvrier britannique. Il n'est pas de force au monde qui soit capable maintenant d'arrêter la bolchevisation rapide de l'avant-garde du prolétariat anglais, le développement de l'esprit révolutionnaire et des idées communistes dans la classe ouvrière anglaise. Cela suffit pour constituer un événement d'une importance historique mondiale. »

La thèse et la pensée de Zinovief ont été précisées et développées dans un manifeste du Comité exécutif de l'*Internationale communiste* :

« ... Toute la classe ouvrière organisée d'Angleterre, dit le *Mani-feste*, a relevé le défi lancé par les capitalistes anglais et le gouver-nement conservateur faisant fonction de comité exécutif de la bourgeoisie anglaise.

« ... La grande lutte du capital et du travail qui se déroule, sous nos yeux, en Angleterre, a débuté par une lutte économique... La lutte économique se transforme, sous nos yeux, en lutte politique. La politique n'est que l'économique concentré et la lutte de classe qui se déroule actuellement en Angleterre en fournit une parfaite illustration. La bourgeoisie anglaise et son gouvernement montrent au prolétariat britannique, aussi bien qu'au prolétariat mondial, à quel point l'économique est lié à la politique.

« ... Au front unique de la bourgeoisie anglaise nous devons opposer le front unique du prolétariat mondial. La lutte des mineurs anglais est la lutte des mineurs du monde entier. »

L'*Internationale communiste* envoie ensuite aux ouvriers anglais l'expression de son enthousiasme, car « par sa lutte, la classe ouvrière anglaise se place aux avant-postes du prolétariat international ». Elle ne cherche pas à cacher que celui qui ne viendra pas en aide aux mineurs sera considéré comme un ennemi de la classe ouvrière, — elle approuve le député communiste qui, le 1er mai, dans un mee-ting, a dit aux soldats : « S'il vous faut tirer, ne tirez pas sur les ouvriers ! » et elle salue une nouvelle époque dans l'histoire de la lutte des classes.

Pendant la grève générale et, postérieurement, durant celle des mineurs, le gouvernement soviétique a envoyé aux ouvriers anglais de nombreux et importants subsides. Le 6 décembre 1926, à la Chambre des Communes, le sous-secrétaire d'État à l'Intérieur, a déclaré que, depuis le début du conflit charbonnier, 1.190.000 livres sterling environ ont été envoyées en Angleterre par les syndi-cats russes.

Les effets de la grève générale ont été nombreux : elle a posé un problème où les intérêts des mineurs ont été perdus de vue; elle a détruit la bonne volonté sans laquelle les industries dans le marasme ne peuvent pas être relevées; elle a considérablement aug-menté les souffrances qui existaient déjà dans l'industrie des mines.

Enfin, et surtout, elle a appauvri la nation et rendu plus difficile le règlement à intervenir dans l'industrie charbonnière.

En somme, la grève des mineurs a été, pour la nation britannique, une épreuve extrêmement dure qui a compromis, pour de longues années, sa prospérité, les avantages du remarquable redressement financier qu'elle avait si heureusement réalisé au lendemain de la guerre. Le 15 novembre 1926, quelques jours avant la fin de la grève des mineurs, M. Philip Snowden, ancien chancelier de l'Échiquier dans le cabinet travailliste de M. Mac Donald, a reconnu qu'à moins que des mesures ne soient prises pour mettre fin aux conflits industriels, la chute de la Grande-Bretagne, en tant que nation commerciale, devait être envisagée.

CHAPITRE II.

TRADE DISPUTES AND TRADE UNIONS ACT, 1927.

Peu de temps après la grève générale et encore sous la pénible impression des pertes incalculables qu'elle avait causée au pays, le 8 septembre 1926, le premier ministre, M. Stanley Baldwin, a abordé le problème des syndicats ouvriers considérés dans leurs rapports avec la sécurité nationale et il a reconnu la nécessité de reviser les lois relatives à l'activité des syndicats professionnels; sans songer à supprimer les Trade Unions, il faudra chercher à concilier leurs droits avec ceux de l'individu dans le cadre de la grande communauté nationale.

Aussi, à la fin de novembre suivant, le gouvernement a-t-il nommé une commission ministérielle chargée de préparer un rapport sur cette grave question. Dès ce moment, il parut quasi certain que la nouvelle charte des Trade Unions proclamerait le caractère illégal d'une grève générale, de même que d'une grève quelconque déclarée sans préavis. L'immunité accordée aux chefs ouvriers par le *Trade Disputes Act, 1906*, disparaîtrait alors en ce qui concerne les conséquences de la grève par eux provoquée et ils pourraient faire l'objet de poursuites. Il y avait là une réaction énergique contre le Trade Unionisme qui, en subissant l'influence du socialisme révolutionnaire, a faussé et méconnu son rôle le jour où il s'est lancé dans le domaine de la politique, de la lutte de classes.

Cette politique, absolument nouvelle, devait empêcher l'Angleterre de se laisser glisser sur la pente des utopies et des aventures sociales.

De son côté, malgré l'échec de la grève générale de mai 1926, le syndicat des mineurs n'a nullement abandonné ses prétentions et c'est ainsi qu'il s'est exprimé, dans une *Déclaration* qu'il a publiée en janvier 1927 :

« ... La lutte n'est pas terminée. Des salaires réduits et une journée de travail plus longue n'apporteront pas la paix dans les charbonnages. Nous ne permettrons pas que des accords régionaux ébranlent notre force et notre unité. Notre organisation est toujours intacte. Nous sommes résolus à recouvrer le terrain perdu. Nous comptons, avec confiance, sur l'appui du mouvement trade-unioniste tout entier. »

Le gouvernement était donc nettement avisé : la lutte n'était point abandonnée; elle n'était que remise.

Afin d'éviter à la classe ouvrière, au pays tout entier, des pertes irréparables, de nouveaux maux, des dangers imprévus, il décida d'agir, de prendre des mesures sagement préventives [1].

Voilà pourquoi, le 4 avril suivant, sir Douglas Hogg, attorney général, déposa un projet de loi en vue de la réglementation des Trade Unions. Ce projet, intitulé *Trade Unions and Trade Disputes Act, 1927*, était destiné à compléter et à modifier, dans des conditions particulièrement importantes, les diverses dispositions législatives prises de 1871 à 1917 pour codifier les droits du travail organisé. Avec ces dispositions antérieures, il devait constituer un

---

[1] Le 8 octobre 1926, la conférence du parti conservateur avait adopté, à l'unanimité, une motion de sir Arnold Gridley tendant à déclarer que les lois sur les Trade Unions doivent être amendées sans retard, que toute grève décrétée sans vote secret doit être considérée comme illégale; que des mesures doivent être prises pour protéger individuellement chaque ouvrier contre l'intimidation à raison de ses convictions politiques; que l'organisation de piquets de grève en masse et la surveillance de la résidence particulière d'un ouvrier sont illégales, etc. »

Quelques jours plus tard, s'inspirant de ces sages idées, le Président du Conseil, M. Baldwin, annonça a la tribune de la Chambre des Communes qu'il avait l'intention de déposer, à brève échéance, un bill déclarant illégale toute grève générale.

ensemble de statuts désigné *Trade Union Acts. 1871 to 1927.*

Le but de ce projet, qui comprenait huit sections et deux annexes, est d'établir un ensemble de mesures destinées à assurer le maintien de l'ordre social. Ces mesures sont au nombre de quatre :

a. Illégalité de toute grève destinée à forcer la main au gouvernement ou à intimider une partie de la nation. Toute grève de solidarité est également illégale;

b. Illégalité des manœuvres d'intimidation contre les individus en temps de grève; en d'autres termes, organisation de la protection des ouvriers refusant de s'associer à une grève illégale;

c. Abolition du caractère obligatoire de la cotisation syndicale pour des buts politiques et organisation d'un contrôle pour empêcher l'utilisation, pour des fins politiques, des fonds syndicaux qui n'auront pas été versés expressément à cet effet;

d. Interdiction faite aux fonctionnaires de s'affilier à des syndicats ou à une confédération de syndicats.

Les pénalités prévues sont une amende de 10 livres sterling ou un emprisonnement de trois mois et, en cas de procès suivi de condamnation, un emprisonnement pouvant aller jusqu'à deux ans. L'emploi de «piquets» de grève est sévèrement réglementé.

Désormais, une grande lutte est engagée entre les forces de défense sociale et celles de désordre et d'anarchie.

Le projet était fort long, compliqué et, parfois, obscur. Il est à remarquer qu'il n'avait pas été précédé d'une de ces grandes enquêtes qui sont une caractéristique intéressante du régime parlementaire anglais.

Un texte plus concis et plus clair, les conclusions d'une enquête préliminaire auraient rendu les discussions, devant l'opinion publique et le Parlement, moins longues et peut-être moins passionnées, — évité les flottements qui se sont produits, à certains moments, dans la majorité.

Quoi qu'il en soit, le dépôt de ce projet souleva un vif émoi dans les couloirs de Westminster et dans les milieux travaillistes. Les organisations politiques et professionnelles du Labour Party déclarèrent aussitôt leur intention de combattre, avec la dernière énergie, toutes les propositions du gouvernement. Le *Daily Herald* qualifia le projet de «charte des jaunes». Quant aux libéraux, ils se divisèrent sur les principes eux-mêmes, mais ils furent tous d'accord pour déclarer que les mesures envisagées étaient contraires à la politique d'apaisement suivie jusqu'alors par M. Baldwin.

Dès le début, personne ne put, un seul instant, mettre en doute le fait suivant : si, malgré l'opposition des libéraux et des travaillistes, le Bill est voté, les libertés syndicales et le droit de grève, lui-même, subiront une atteinte extrêmement grave puisque, lorsque les autorités compétentes déclareront qu'une grève est illégale pour la raison que ses motifs sont politiques, le gouvernement disposera de tous les pouvoirs nécessaires pour la briser.

L'opinion publique ne tarda pas à s'intéresser à cette grave question et, dans le courant du mois d'avril, avant la réouverture du Parlement, un grand nombre de discours furent prononcés, dans toute l'Angleterre, sur ce sujet.

A Colchester, sir Laming Worthington Evans, secrétaire d'État à la guerre, exposa les trois raisons qui justifiaient l'urgence d'une modification à la législation anglaise :

«... La première raison découle des faits et a son origine dans la dernière grève générale elle-même; la deuxième est la nécessité de remédier aux abus provoqués au nom de soi-disant «piquets de grève», pratique monstrueuse contre la liberté individuelle et particulièrement intolérable dans un pays comme l'Angleterre; la troisième réside dans les difficultés incessantes faites aux trade-unionistes qui ne désirent pas payer de contribution politique à leurs syndicats...»

A Glasgow, sir Robert Horne, député conservateur, mit en évidence les contradictions de la politique des libéraux :

«... Ceux-ci, a-t-il dit, ont unanimement condamné la grève générale de l'an dernier. Et voici qu'ils s'opposent maintenant au projet sur les Trade Unions. On peut comprendre que l'organisation des Trade Unions combatte cette loi, mais il est inadmissible que le parti libéral, après avoir déclaré la grève générale comme étant illégale, fasse obstacle à un projet tendant à consacrer cette illégalité.

La Conférence des Comités exécutifs des différentes Trade Unions s'est tenue à Londres, le 3o avril. Les six cents délégués ont voté la résolution suivante, rédigée par M. Ernest Bevin et soutenue par M. Clynes, député socialiste :

La Conférence s'engage à poursuivre la campagne contre le projet avec la dernière vigueur afin de déjouer cette attaque perverse contre les organisations industrielles et politiques des classes ouvrières et de renverser du pouvoir les auteurs de ce projet.

Après un long discours de M. Citrine, le Président, avant de lever la séance, dit que le mouvement travailliste se trouvait à un tournant et que la crise actuelle était la plus grave qu'on ait eu à subir depuis un siècle. «Nous nous trouvons en face, a-t-il ajouté, d'un devoir grave, celui de pousser le peuple à chasser du pouvoir le gouvernement actuel, gouvernement le plus hostile, le plus capitaliste que ce pays ait subi depuis quatre générations.»

Nullement troublé par ces menaces, M. Baldwin publia, le même jour, 3o avril, une note par laquelle il faisait savoir qu'il ne voulait porter aucune modification au projet de loi en vue de sa seconde lecture, qui devait avoir lieu deux jours plus tard. «... Le gouvernement n'a d'autre raison de présenter ce projet de loi que de sauvegarder les intérêts de la nation entière, compromis par la situation créée, l'an dernier, dans l'industrie. Mon intention n'est pas de porter préjudice ni de faire tort en quoi que ce soit aux Trade Unions.»

La Chambre des Communes, dans sa séance du 2 mai, a commencé la discussion, en deuxième lecture, du projet de loi, déposé et voté, en première lecture, sans discussion, à la séance du 4 avril précédent.

L'attorney général, sir Douglas Hogg, en sa qualité d'expert légiste du gouvernement, a exposé longuement l'économie de ce projet.

Au nom du Labour Party, M. Clynes s'est attaché à réfuter le système du gouvernement, mais non sans difficulté, étant donné qu'il avait, autrefois, condamné lui-même le principe de la grève générale.

Cette discussion qui, à certains moments, a été d'une extrême violence, s'est poursuivie pendant trois jours, c'est-à-dire jusqu'au jeudi 5 mai.

Sir Laming Worthington Evans, ministre de la Guerre, soutint énergiquement le projet que MM. Henderson et Walsh, du Labour Party, combattirent, à leur tour, avec la même âpreté, dans la séance du 3.

Le 4, sir John Simon, député libéral qui, en mai 1926, pendant la grève générale, l'avait déclarée illégale dans des conditions qui eurent un grand retentissement, ne se prononça pas en faveur du projet. Il préférerait une simple clause d'après laquelle toute combinaison ouvrière ou patronale, tendant à·exercer une contrainte sur le Parlement ou le gouvernement, constituerait une conspiration illégale.

M. Baldwin, au début de son intervention, insista sur la tendance des organisations ouvrières qui, depuis une vingtaine d'années, abandonnent l'action constitutionnelle en faveur de l'action directe. Il alla encore plus loin et déclara, provoquant de vives protestations sur les bancs travaillistes, que le pouvoir paraissait passé, à l'heure actuelle, entre les mains du mouvement minoritaire et, comme plusieurs députés le sommèrent de désigner les organisations ouvrières qui étaient passées sous ce contrôle, il répondit : «*La Fédération des mineurs*» et il ajouta :

«Le mandat qu'a reçu le gouvernement pour le projet de loi sur les Trade Unions est constitué par les événements de l'année dernière. Le projet de loi n'a pas été présenté plus tôt pour qu'il ne fût pas de caractère extrême ou vindicatif. Personnellement, j'aurais voulu que le projet de loi comportât seulement les deux clauses suivantes : 1° une grève générale sera désormais illégale; 2° tout acte d'intimidation sera illégal. Un pareil texte, toutefois, n'était pas possible, m'a-t-on déclaré.

«Je crois, a conclu M. Baldwin, que mieux on connaîtra le projet de loi dans le pays, plus on le soutiendra. Si, aux prochaines élections générales, les travaillistes décident de faire du projet de loi le principal sujet de controverse électorale, nous nous présenterons devant les électeurs avec confiance.»

M. Baldwin était aussi confiant en l'avenir que lord Birkenhead qui, quelques jours auparavant, avait dit, en parlant à l'opposition travailliste : «Faites tous les meetings que vous voudrez; déployez tous vos drapeaux rouges; en fin de compte, ce projet deviendra la loi du pays.»

La discussion a été continuée et clôturée à la séance du jeudi 5.

M. Philip Snowden, ancien chancelier de l'Échiquier du cabinet Mac Donald, s'attacha à démontrer que le droit d'exercer une contrainte sur le gouvernement est justifiable.

« ... Réellement, dit-il, une grève générale, déclenchée dans des buts industriels, est une absurdité. Une grève générale ne pourrait réussir que dans le cas où le gouvernement entrerait en guerre contre le désir quasi unanime du pays, ou si le gouvernement s'efforçait de faire adopter par le Parlement les mesures législatives pour lesquelles il n'aurait aucun mandat et contre lesquelles il existerait une majorité écrasante dans le pays.

« Dans de tels cas, une grève générale pourrait être effective, mais seulement parce qu'elle serait appuyée sur le pays tout entier. L'argument contre la grève générale n'est pas qu'il est mal de la faire, mais qu'elle constitue une arme stupide et inefficace. Le gouvernement, même s'il faisait voter cinquante lois, n'empêcherait pas une grève générale si les travailleurs étaient résolus à la déclarer. En supposant qu'elle soit illégale, le gouvernement enverrait-il cinq millions d'hommes en prison? — « Non, mais on y enverrait leurs dirigeants, objectent plusieurs conservateurs. »

M. Snowden a poursuivi : « Au lieu de jeter cette pomme de discorde dans le mouvement industriel, j'aimerais mieux que le gouvernement demandât au Parlement de concentrer son attention sur des mesures législatives établissant des organismes pour que les conflits industriels puissent être réglés par la raison et non par la force. »

M. Lloyd George se prononça contre le projet qu'il considérait comme une « mesure provocatrice ». La loi proposée ne ferait qu'augmenter les obscurités de la législation actuelle sur les Trade Unions, rendre impossible les grèves .de solidarité et n'importe quelle grève dans les usines importantes.

M. Thomas, député travailliste, reprocha au gouvernement représentant une minorité du pays de se servir de la majorité du Parlement pour paralyser le seul pouvoir des travailleurs organisés. « ... Vous pourrez faire adopter le projet de loi, mais l'agitation continuera. »

Répondant, au nom du gouvernement, le sollicitor général démontra que le principe sur lequel repose le projet de loi est qu'aucune collectivité ne peut continuer à exister s'il se trouve, dans son sein, une puissance plus forte qu'elle. Quels sont les intérêts qui doivent prédominer? Ceux des Trade Unions ou du pays, de la collectivité? Comme toute hésitation est impossible, les députés ont le devoir de sanctionner le projet qui leur a été présenté par l'attorney général.

La Chambre des Communes estima alors, à très juste titre, que la discussion était épuisée; par 386 voix contre 168, elle prononça la clôture du débat et par 336 voix contre 171, soit à 215 voix. de majorité, elle repoussa la motion travailliste impliquant le rejet du projet. Le passage à l'examen des articles fut ensuite ordonné.

La délibération en séance publique fut suspendue pendant quelques jours, pour donner à la Commission le temps d'étudier les innombrables amendements qui avaient été déposés.

Quoi qu'il en soit, un résultat des plus importants, capital, était obtenu : le cabinet Baldwin triomphait puisque son projet avait été adopté, en principe, à une énorme majorité. Néanmoins, la partie n'était pas complètement encore gagnée et il était prudent de se préoccuper de l'opinion du pays. C'est dans ce but que le parti conservateur organisa immédiatement une vaste campagne de discours dans tout le royaume. Il fut décidé que M. Churchill parlerait, le lendemain, à Londres, à l'Albert Hall, — M. Neville Chamberlain, le 13, à Swansea, — sir Douglas Hogg, le 20, à Manchester, etc. De son côté, le Labour Party commença, dans tout le pays, une campagne des plus énergiques pour combattre le projet de loi et c'est ainsi que le territoire fut divisé en quarante-six districts dans lesquels furent organisées des conférences, des manifestations diverses et des distributions de brochures.

Le mercredi 11 mai suivant, la Chambre des Communes commença la discussion des articles du projet. Jusqu'à ce moment, 350 amendements étaient annoncés. Sur la proposition du gouvernement, elle décida de siéger après 23 heures. A 23 heures 30, un des chefs du groupe travailliste proposa l'ajournement du débat. Cette proposition fut repoussée par 253 voix contre 128.

A la séance du 16, M. Baldwin a formulé une motion, dite « guillotine », ayant pour objet de limiter d'office la durée des débats pour chaque clause de ce bill.

M. Clynes déclara : « Nous n'allons pas siéger une minute de plus pour assister à cette farce parlementaire ». Cela dit, il se leva et quitta la salle suivi par tous les députés socialistes.

La motion fut adoptée par 259 voix contre 13.

Le gouvernement n'accepta qu'un seul amendement, celui qui déclarait illégaux les lock-out patronaux contre les collectivités, dans les mêmes conditions que la grève générale.

Finalement, le 14 juin, la Chambre des Communes vota le bill en deuxième lecture et, le 23 du même mois, en troisième, par 354 voix contre 139.

Avec une majorité aussi imposante, la Chambre des Lords vota le bill : en première lecture, le 30 juin; en deuxième, le 5 juillet, et, le 25, en troisième, par 86 voix contre 17.

Comme quelques légères modifications avaient été apportées au texte primitif par la Chambre de, Lords, le bill fut soumis de nouveau à la Chambre des Communes qui, dans sa séance du mercredi 27, approuva, sans difficulté, toutes ces modifications. La sanction royale fut donnée aussitôt et la loi fut promulguée le surlendemain, 29 juillet [1].

Cette loi est divisée en huit sections que nous examinerons successivement :

SECTION 1.

Grèves et contre-grèves illégales.

Toute grève est illégale :

Si elle a un but autre que l'aboutissement d'une contestation ouvrière dans le commerce et l'industrie où les grévistes sont employés ou un autre but avec celui-là;

Si elle est conçue ou calculée en vue de forcer la main au gouvernement, soit directement, soit en imposant des privations à la société.

De même, toute contre-grève est illégale :

Si elle a un but autre que l'aboutissement d'une contestation ouvrière dans le commerce ou l'industrie dont les employeurs contre-grévistes font partie;

Si elle est conçue ou calculée pour forcer la main au gouverne-

---

[1] (17 et 18 Geo. 5). *Trade Disputes and Trade Unions Act, 1927. Chapter 22. An Act to declare and amend the law relating to trade disputes and trade unions, to regulate the position of civil servants and persons employed by public authorities in respect of membership of trade unions and similar organisations, to extend section five of the Conspiracy, and Protection of Property Act, 1875, and for other purposes connected with the purposes aforesaid.*

ment, soit directement, soit en infligeant des privations au public.

Celui qui fournira des fonds pour l'aboutissement ou l'appui d'une telle grève ou contre-grève commettra un acte illégal. Ainsi se trouvent condamnées toutes les grèves de solidarité [1].

Toute personne qui manifeste, excite ou pousse les autres ou agit d'une façon quelconque en faveur du développement d'une grève ou d'une contre-grève illégale, sera passible, sur condamnation sommaire, d'une amende ne dépassant pas dix livres ou d'un emprisonnement de trois mois au plus, ou, sur condamnation sur acte d'accusation, d'emprisonnement de deux ans au plus [2].

Ainsi se trouve résolue la question de la grève générale et de la grève politique qui sont, toutes les deux, déclarées illégales.

Ce grave problème avait été posé au début de mai 1926, en pleine grève générale.

Le Congrès de la *Trade Union* s'est efforcé de démontrer que le mouvement ouvrier n'avait aucun caractère révolutionnaire. Dans un exposé fait aux représentants de la presse et qui a été reproduit par le *British Worker*, les leaders trade-unionistes déclarent :

[1] En vue d'assurer sa stricte application, la loi fait les précisions suivantes:

a. Une contestation ouvrière, pour être considérée comme telle, devra s'élever entre employeurs et ouvriers, ou entre ouvriers et ouvriers dans un commerce ou une industrie et avoir trait à l'occupation ou à la non-occupation ou à la durée de l'occupation ou aux conditions du travail de personnes faisant partie de ce commerce ou de cette industrie;

b. Sans préjudice de la généralité de l'expression «commerce ou industrie», les ouvriers seront considérés comme faisant partie du même commerce ou de la même industrie si leurs salaires ou leurs conditions d'occupation sont déterminés en accord avec les décisions du même conseil industriel, bureau de conciliation ou autre corps analogue, ou en accord avec des conventions faites avec le même employeur ou groupe d'employeurs.

[2] Les stipulations du *Trade Disputes Act, 1906,* ne doivent s'appliquer, pas plus que la seconde clause additionnelle de la subdivision 1 de la section II de l'*Emergency Powers Act. 1290,* à aucune action accomplie dans le dessein ou pour l'aboutissement d'une grève ou d'une contre-grève illégale et aucune action de ce genre ne sera considérée, pour les fins d'un décret quelconque, être accomplie dans le dessein ou en vue de l'aboutissement d'une contestation ouvrière et ce pourvu qu'aucune personne ne soit considérée avoir commis une infraction à l'*Emergency Powers Act, 1920,* pour avoir seulement cessé de travailler, ou refusé de continuer de travailler ou refusé d'accepter du travail.

Ce qui revient à dire que toute personne qui prendra part à une grève de la nature visée sera privée du bénéfice du *Trade Disputes Act. 1906,* qui met les grévistes à l'abri de toute poursuite en dommages-intérêts.

«Nous ne combattons pas le public. Nous ne cherchons pas non plus à renverser le gouvernement constitutionnel. Les Trade Unions ont exercé un droit légal et depuis longtemps établi, de refuser le travail. Ce n'est pas seulement un droit légal, mais un droit moral et légal pour protéger une section de la classe ouvrière, à savoir les mineurs, contre la dégradation de leur niveau de bien-être.»

La légalité de la grève les préoccupe tout autant et ils disent à ce sujet : «Il est inévitable que, dans une suspension générale du travail, les contrats soient brisés en certains cas, mais cela ne signifie pas que le mouvement, dans son ensemble, soit un sinistre complot dirigé contre la nation.»

A la Chambre des Communes, le 10 mai, c'est-à-dire en pleine grève générale, M. Erskine, député conservateur, a posé une question au ministre de l'Intérieur sur la légalité de la grève. Sir Harry Barnston, contrôleur de la maison du roi, s'est contenté de répondre que la question avait été mise à l'étude.

Cette même journée du lundi 10 mai a été marquée par deux faits qui ont eu, sur le résultat de la grève générale, une importance indiscutable : la décision rendue par le juge Astbury et le discours prononcé, à la Chambre des Communes, par sir John Simon.

Dans un procès intenté par la Trade Union des gens de mer contre plusieurs membres de la section de Liverpool, le juge Astbury a décidé que «la prétendue grève générale décrétée par le Conseil des Trade Unions était illégale et que ceux qui y ont pris part ne sont nullement protégés par le *Disputes Act, 1906*». Le mouvement gréviste, qui ébranlait l'empire britannique, était condamné dans son principe même, sa raison d'être.

«... Il n'y a, dit le juge Astbury, aucun différend industriel (*Trade Dispute*), sauf dans le cas de l'industrie minière et aucun différend industriel ne peut exister entre le *Conseil général* du *Congrès de la Trade Union* et le gouvernement. Les ordres de ce *Conseil général* sont illégaux et les accusés (Macvey et les fauteurs de grève du groupe de Liverpool) agissaient illégalement et doivent être empêchés de continuer.»

En conséquence, tous les travailleurs qui ont refusé de se mettre en grève ne sauraient perdre aucun des avantages que leur vaut leur affiliation à leur syndicat. D'autre part, les grévistes n'ont pas droit au secours de grève de la part de leur Trade Union.

Cette décision, rendue dans la matinée, eut aussitôt un immense retentissement.

A la Chambre des Communes, sir John Simon répondit à son collègue sir Henry Slesser, député travailliste, qui, la veille, avait critiqué sa thèse au sujet de l'illégalité de la grève et il s'appuya, pour la confirmer de plus fort, sur la décision rendue, un moment auparavant, par le juge Astbury. Après avoir invoqué la thèse soutenue par son adversaire lui-même, qui, dans un *Manuel de législation*, a condamné l'action directe et la grève générale, il a ajouté : «Ils ont arrêté les transports parce que les transports sont un des services vitaux du pays. De toutes les folies, la chose la plus folle de toutes fut de tenter d'étouffer la presse. Nous avons vu des femmes employées dans des magasins se rendant péniblement, à pied, à leur travail. Y a-t-il un être au monde qui s'imagine qu'en forçant ces femmes à aller à pied, on va nous rendre plus favorables à la cause des mineurs? Vous pouvez user les souliers de la femme, mais vous ne ferez pas plier son courage. Les Allemands ont cru qu'ils pourraient briser le courage britannique en jetant des bombes sur Londres. Je n'aurais jamais cru que des compatriotes doués eux-mêmes de ce courage britannique s'imagineraient qu'ils peuvent réduire l'énergie nationale de notre patrie en exposant les masses de la population à des ennuis et peut-être à des dangers.»

L'*Act* du 29 juillet 1927 n'a donc fait que consacrer une jurisprudence antérieure et mettre le Trade Unionisme dans l'impossibilité, si jamais une grève générale identique à celle de mai 1926 venait à éclater, de soutenir qu'elle est légale et non politique. Le gouvernement, alors, ne serait pas pris au dépourvu. Pour défendre le pays, son existence même, il aurait quelque chose de plus puissant, de plus énergique que la jurisprudence : une loi formelle avec des définitions précises, nombreuses, capables de permettre la solution de toutes les difficultés révélées par la pratique.

SECTION 2.

Protection des personnes refusant de participer aux grèves ou contre-grèves illégales.

Aucune personne refusant de prendre part ou de continuer à prendre part à une grève ou contre-grève générale ne sera, en raison de ce refus, ou en raison d'une action quelconque intentée par lui en vertu de l'*Act* (du 29 juillet 1927), susceptible d'être expulsée d'une *Union* ou *Société ouvrière*, ni d'amende ou de sanction pénale, ni de privation d'un droit ou avantage auquel lui ou ses représentants personnels légaux pourraient autrement prétendre, ni d'être frappé, à aucun égard, directement ou indirectement, d'incapacité légale ou de déchéance par rapport aux membres de l'*Union* ou *Société*, et ce malgré toute disposition contraire dans les règlements de cette *Union* ou *Société ouvrière*.

Lorsqu'un tribunal ordonnera la réintégration dans une association ouvrière d'une personne expulsée indûment, il aura la faculté de condamner cette association à lui payer, à titre de dommages-intérêts, telle somme qu'il jugera convenable.

L'*Act* aura un effet rétroactif jusqu'au 1ᵉʳ mai 1926, date à laquelle a éclaté la dernière grève générale.

Ainsi sont protégées toutes les personnes qui, à l'avenir, pourront être en butte aux représailles des syndicats pour avoir refusé de participer à une grève générale et, aussi, toutes celles qui ont pu l'être depuis le 1ᵉʳ mai 1926.

SECTION 3.

Mesures contre l'intimidation, etc.

Constitue un acte illicite, le fait, par une ou plusieurs personnes (soit agissant en leur propre nom, soit au nom d'une association ouvrière ou d'une firme ou patron et quand même elles agiraient en vue ou pour l'aboutissement d'une contestation ouvrière), de stationner dans une maison ou un endroit, ou près de cette maison ou de cet endroit où une personne habite ou travaille ou vaque à ses affaires, ou se trouve par hasard, à l'effet d'obtenir ou de communiquer un renseignement, ou d'inciter ou persuader une personne de travailler ou de s'abstenir de travailler, si elles stationnent en tel nombre ou de telle manière qu'elles puissent intimider une personne de cette maison ou de cet endroit, ou en empêcher l'accès ou l'issue ou conduire à une violation de la paix publique.

Le fait de stationner dans ces conditions déclarées illicites doit être considéré comme l'action de garder ou de cerner la maison ou l'endroit dans le sens indiqué par la section VII du *Conspiracy and Protection of Property Act, 1875* [1].

[1] L'expression «intimider» signifie provoquer dans l'esprit d'une personne une appréhension raisonnée de tort pour elle ou un membre de sa famille ou l'un

Il est défendu à une ou plusieurs personnes agissant à l'effet d'inciter une personne à travailler ou à s'abstenir de travailler, de garder ou de cerner une maison ou un endroit. Celui qui méconnaît cette prohibition est passible, sur condamnation sommaire, d'une amende de vingt livres au maximum ou d'un emprisonnement qui n'excédera pas trois mois.

Ce qui revient à dire que cette section 3 prohibe, d'une façon absolue, le *picketing*.

Glorifiant, dans un article de revue, la grève des dockers de Londres, en 1889, M. Frédéric Harrisson dit qu'elle eût échoué en quinze jours sans les sentinelles placées par les grévistes pour détourner les nouveaux engagés *« it would have collapsed in a fortnight but for the pickets »*. Les chefs de la grève prétendaient que ces *pickets* étaient nécessaires pour recevoir les ouvriers étrangers aux stations de chemins de fer et leur expliquer la situation : *« pickets were necessary to meet strangers at railway stations and explain matters to them »*. Ces délégués isolés, qui étaient bien éloignés de remplir une besogne pacifique, étaient au nombre de 11.000 [1].

Cette pratique, dénommée *picketing*, était autrefois interdite, en Angleterre, par des lois dont les Trade Unions ont fini par obtenir l'abrogation.

Pour soutenir sa légalité, on dit qu'en temps ordinaire un ouvrier a toute liberté pour conseiller à un de ses camarades de travailler ou de l'en dissuader. Pourquoi défendre à plusieurs réunis ce qui est permis à un seul ?

Il est facile de répondre que le danger que recèle cette pratique suffit à la rendre illicite : comment compter sur la modération des *pickets* excités par la lutte, les privations qu'elle impose? Quoi de plus redoutable que cette pression occulte? L'intimidation qui résulte d'interdictions, de proscriptions, n'est-elle pas aussi à redouter que les violences proprement dites?

de ceux qui sont sous sa dépendance, ou de violence ou dommage sur une personne ou propriété. L'expression « tort » comprend le tort causé à une personne en ce qui concerne ses affaires, son travail, son emploi, ou d'autres sources de revenu et comprend tout tort susceptible d'être poursuivi.

Dans la section VII du *Conspiracy and Protection of Property Act, 1875,* l'expression « intimider » a le même sens que dans la présente loi.

[1] *Criticism of the Theory of Trade Unions,* by T. S. Cree, Glasgow, 1891, p. 30; Leroy-Beaulieu, *Traité théorique et pratique d'économie politique,* Paris, 1905, 4e éd., t. II, p. 435.

D'après la loi du 21 décembre 1906, conçue dans un sens extrêmement libéral, dans les conflits du travail, il est désormais permis d'inciter un ouvrier de rompre son contrat, de s'ingérer dans les affaires de toutes personnes et dans tous leurs droits de disposer de leurs ressources ou de leur travail. Les plaintes à ce sujet contre une Trade Union ne sont pas recevables. Les violences contre les personnes ou contre les biens, exercées au cours d'une grève, ne sont punissables que dans les termes du droit commun. En conséquence, au point de vue civil, échappent à toute responsabilité les *Unions* qui ont provoqué ou encouragé une grève. Leurs fonds, même lorsqu'elles sont régulièrement enregistrées, échappent à toute demande en dommages-intérêts, aux termes du paragraphe 4 de cette loi, libellée en termes formels : « Une action intentée contre une Trade Union patronale ou ouvrière ou contre l'un quelconque des membres ou des dirigeants de cette Trade Union, à raison d'actes illégaux qui auraient été accomplis au nom de cette Trade Union, ne pourra être reçue par aucune cour. » Cette disposition qui, par la généralité de ses termes, englobe toutes les grèves sans aucune distinction (grèves corporatives, politiques, etc...), a été confirmée par la loi du 7 mars 1915.

Cette loi a donné lieu à de multiples abus qui ont été mis en évidence au cours des nombreuses grèves qui ont éclaté depuis 1906 et aussi, et surtout, pendant la grève générale de mai 1926. Il est indiscutable qu'elle aurait duré bien moins longtemps sans le *picketing* que les pouvoirs publics étaient absolument impuissants à réprimer.

Voilà pourquoi la section 3 de la nouvelle loi prohibe et punit sévèrement cette pratique qui constitue un acte d'intimidation des plus caractérisés.

SECTION 4.

Stipulations touchant le capital politique.

Il est défendu à un membre quelconque d'une association ouvrière de contribuer au *fonds politique* d'une association ouvrière à moins que, dans certaines conditions déterminées, il n'ait manifesté son désir de contribuer à ce fonds et n'ait pas retiré la notification à lui faite à ce sujet. Tout membre d'une *Union* ouvrière qui n'a pas produit une telle notification ou qui, l'ayant produite, l'a retirée, sera considéré, au point de vue de l'application du *Trade Union Act, 1913*, comme un membre exempté de l'obligation de contribuer au fonds politique de l'*Union* et tout ce qui, dans cet *Act*, vise un membre ainsi exempté, sera considéré comme nul et non avenu.

Toute contribution au fonds politique d'une *Union* ouvrière, versée par des membres de l'*Union* susceptibles de contribuer à ce fonds, sera recouvrée et encaissée séparément de toute autre contribution. Aucun actif de l'*Union* ouvrière, autre que la somme provenant de cette levée séparée, ne sera porté au dit capital.

Aucun actif d'une *Union* ouvrière autre que celui faisant partie du fonds politique ne sera directement ou indirectement affecté à l'aboutissement d'un but politique quelconque auquel s'applique la section 3 du *Trade Union Act, 1913*.

Toutes les *Unions* déclarées ou non déclarées devront envoyer au *Registrar* un compte rendu du fonctionnement de la caisse politique pendant l'année écoulée. Le gouvernement connaîtra de cette façon tous les envois d'argent qui parviendront de l'étranger.

Afin de bien saisir l'importance de la prohibition édictée par la présente section, il faut ne pas perdre de vue que, favorisés, d'un côté, par la liberté dont jouissent les citoyens anglais, de l'autre, poussés par leur instinct conservateur et guidés par leurs traditions, les ouvr'ers anglais saxons sont arrivés très vite à une remarquable pratique du travail caractérisée par une très heureuse conciliation du régime corporatif et de la liberté du travail.

Rien de plus curieux que le développement de ces *Trade Unions* qui, ainsi que M. Georges Howell l'a magistralement établi dans son ouvrage publié, en 1892, *Le Passé et l'Avenir des Trade Unions*, ne sont qu'une restauration inattendue du régime corporatif refondu, rajeuni, adapté aux institutions modernes, à une nouvelle organisation du travail et qui, par leur esprit, leur constitution, leurs cérémonies et leur but, se rattachent directement aux anciennes corporations de métier.

La Trade Union a été, avant tout, une caisse permanente de chômage. Son but est d'amasser un fonds de réserve qui grossit rapidement dans les années prospères et qui, alimenté par des souscriptions égales pour tous les membres de la même profession, est destiné à venir en aide aux ouvriers qui ne travaillent pas, soit par suite de manque de travail, soit par suite de grève. Accidents, maladie, vieillesse, chômage, secours aux veuves et aux orphelins, tout est prévu pour assurer le nécessaire aux ouvriers. En même temps, les *Unions* poursuivent l'amélioration du sort des travailleurs par l'augmentation des salaires et la réduction des heures de travail.

Et, ainsi, la défense des intérêts professionnels est devenue l'objet essentiel de toutes les *Trade Unions* qui ont atteint un très haut degré de développement. En rapprochant le capital et le travail, elles sont devenues un élément nouveau de progrès et de réorganisation sociale.

Mais voilà qu'il y a quelques années, le groupement des travailleurs en une classe fermée avec ses organismes professionnels et sa représentation parlementaire, apparut comme insuffisant pour apaiser les conflits et assurer l'évolution. La propagande socialiste transforma certaines industries, comme celle des mines, en un champ d'expériences. L'explosion de 1892, la crise de 1910-1912 constituent les deux étapes de cette évolution décisive.

Les idées révolutionnaires du marxisme et les nouvelles Trade Unions ont apporté dans le monde ouvrier anglais des théories et des formules qui ne cadraient pas avec celles des anciennes Trade Unions. Les unes, les récentes, se placèrent surtout sur le terrain des doctrines politiques, les autres, les anciennes, sur celui des affaires. Mais, malheureusement, petit à petit, les théories collectivistes et communistes ont gagné ces dernières, ainsi que le montre leur budget qui n'a pas tardé à alimenter des caisses de grèves. A mesure que la doctrine marxiste s'est développée, les caisses de grève ont été pourvues de plus en plus abondamment et voilà comment, dès le début de la grève générale de mai 1926, ses organisateurs ont prétendu qu'ils disposaient de huit millions de livres sterling. Cela n'a rien d'étonnant demeurant que, par une loi du 7 mars 1913, les Trade Unions ont été autorisées à participer directement à l'action politique et à employer aux mêmes fins les ressources provenant des cotisations, avec cette précision qu'elles sont obligées, pour sauvegarder la liberté individuelle de leurs membres, de constituer, avec les sommes destinées à un objet politique, un fonds spécial, distinct de celui de la corporation, et que chaque membre a le droit de demander à ne pas participer à la constitution de ce fonds spécial; tous ceux qui auront refusé de participer au fonds politique, ne pourront, sous aucun prétexte, être privés de n'importe quels avantages de l'*Union* dont ils font partie. Comme les ouvriers ont hésité à user de cette faculté, ils ont participé à la constitution d'un capital énorme qui a servi à alimenter de très nombreuses caisses de grève en même temps qu'à venir en aide au parti travailliste qui a pu ainsi devenir un grand parti politique qui tend, de plus en plus, à se substituer au parti libéral.

Le législateur de 1927 a remédié à cet abus en décidant qu'aucun syndiqué ne pourra être obligé de verser une contribution quelconque à la caisse politique de son *Union* s'il n'en a pas fait la demande écrite. C'est là un moyen sûr et énergique de mettre les 'Trade Unions dans l'impossibilité d'alimenter les caisses de grèves avec leur propre budget, de venir en aide aux partis politiques ou plus exactement au parti révolutionnaire.

SECTION 5.

Règlement concernant les organisations dont les fonctionnaires civils peuvent faire partie.

Au nombre des règlements concernant les conditions de service dans les établissements civils de Sa Majesté, seront compris ceux qui défendent aux serviteurs civils établis d'être membres, délégués ou représentants de toute organisation dont l'objet principal est d'influencer ou de modifier la rémunération et les conditions d'occupation de ses membres. Exception est faite à cette règle lorsqu'il s'agit d'une organisation qui ne comprend comme membres que des personnes employées par la Couronne et qui se conforment à toutes les stipulations pouvant être contenues dans ces mêmes règlements pour prouver qu'elle est, à tous égards, indépendante et non affiliée à une organisation dont les membres ne se limitent pas à des personnes employées par la Couronne et qu'elle n'est pas associée, directement ou indirectement, à un parti ou à une organisation politique quelconque.

Tout fonctionnaire civil, qui enfreint cette prohibition, sera disqualifié comme membre du service civil. Néanmoins, au cas d'une première infraction et où un avis officiel a été donné par le chef de service, cette disqualification ne sortira pas à effet si, dans le délai d'un mois, l'intéressé a cessé d'enfreindre les règlements dont l'inobservation a motivé la poursuite [1].

---

[1] L'expression «serviteur civil établi» désigne une personne servant dans une spécialité établie du service permanent de la Couronne et comprend toute personne

Bien qu'aucun texte n'ait visé ce cas, les groupements professionnels de fonctionnaires ou agents des grands services publics, nationaux ou municipaux, avaient adhéré à la *Fédération Nationale des Trade Unions*, depuis quelques années.

L'Act de 1927 rend, désormais, impossible cette adhésion en se prononçant nettement contre le « droit syndical » des fonctionnaires, droit qui, dans tous les pays, a soulevé les discussions les plus passionnées.

En France, depuis 1885, toutes les juridictions ont décidé que la loi de 1884 ne peut pas s'appliquer aux fonctionnaires qui n'ont donc pas le droit de constituer entre eux des syndicats. En 1922, le Conseil d'État a statué dans le même sens. Seules, les associations de fonctionnaires constituées suivant la loi du 1er juillet 1901 sur les *Associations*, sont considérées comme régulières par le Conseil d'Etat et la Cour de Cassation.

A la séance du 16 mars 1928, à la Chambre des Députés, l'ordre du jour ayant appelé la discussion de la proposition de M. Chabrun qui concédait formellement aux fonctionnaires, par une loi nouvelle, le droit de se syndiquer, le Président du Conseil opposa la question préalable en déclarant qu'il y avait lieu de fixer, tout d'abord, par un statut légal, les droits et les obligations de tous les fonctionnaires, ce qui fut admis, aussitôt, à une majorité considérable.

L'ordre du jour final, voté, en septembre 1928, par le Congrès des syndicats de fonctionnaires porte que le gouvernement refuse d'admettre les fédérations entre fonctionnaires de services différents et entre les fonctionnaires et les travailleurs de l'industrie privée. Cette thèse, qui est celle de l'*Act*, est la seule admissible car l'indépendance et le pouvoir des gouvernements ainsi que la représentation nationale seront mis en échec le jour où les syndicats des ouvriers et des fonctionnaires auront la possibilité de former un front commun en vue d'assurer le succès de certaines revendications. Au dessus de la solidarité professionnelle, il y a la solidarité nationale, et cela est si vrai que les hommes de 1789 ont supprimé la première

qui, ayant obtenu un certificat des commissaires de service civil, sert pendant une période de stage préliminaire à l'établissement.

L'expression « conditions d'occupation » signifie, par rapport à des personnes autres que celles employées par la Couronne, les conditions d'occupation de personnes employées en exécution d'un contrat de service.

craignant de voir, un jour, le droit d'association empiéter sur la souveraineté nationale. La prédominance doit rester à l'État; il n'en existe point d'autre. Dans la lutte entre l'association professionnelle et la collectivité sociale, pour mieux dire, entre la minorité et le nombre, le dernier mot doit rester au nombre, à la souveraineté populaire. Les fonctionnaires ne peuvent pas avoir deux maîtres : l'Etat et le syndicat, qui, trop souvent, ne cherche qu'à saper, détruire ce même État. Le législateur ne doit pas oublier que ce n'est que par la force de l'ossature de ses administrations qu'il peut vivre, se développer. L'histoire de tous les siècles est là pour le lui rappeler.

SECTION 6.

Stipulations concernant les personnes employées par des autorités publiques, locales et autres.

Aucune autorité publique locale ou autre ne peut faire une condition de l'occupation ou de la continuation de l'occupation d'une personne du fait qu'elle est ou n'est pas membre d'une *Union* ouvrière ou imposer n'importe quelle autre condition à des personnes au service de cette autorité par laquelle les employés, membres ou non d'une *Union* ouvrière, sont susceptibles d'être placés à tous égards, directement ou indirectement, en disgrâce ou frappés d'incapacité légale par rapport aux autres employés.

Défense est faite aux mêmes autorités de faire une condition de tout contrat établi ou arrêté avec elles, ni de l'examen ou de l'acceptation de toute offre de paiement relative à ce contrat, que l'un des cocontractants soit ou ne soit pas membre d'une *Union* ouvrière.

Toute stipulation contraire est nulle et de nul effet.

Il est ajouté au *Conspiracy and Protection of Property* Act, 1875, la disposition suivante :

«Si une personne employée par une autorité publique locale ou autre rompt volontairement le contrat de service avec cette autorité, sachant ou ayant des raisons de croire que la conséquence probable de cette façon d'agir, soit isolément, soit de concert avec d'autres, sera de causer du tort, du danger, ou un grave ennui à la société, elle sera passible, sur condamnation sommaire, d'une amende de dix livres au maximum ou d'un emprisonnement qui ne devra pas dépasser une durée de trois mois.

SECTION 7.

Défense d'application des fonds des Unions ouvrières etc... en contravention aux prescriptions de la Section première.

Sans préjudice du droit appartenant à tout intéressé de poursuivre ou de solliciter une injonction tendant à prohiber l'emploi du fonds d'une association ouvrière contrairement aux prescriptions du présent *Act*, une poursuite pourra être engagée par l'Attorney général.

SECTION 8.

Interprétation et étendue de l'Act.

L'*Act* du 29 juillet 1927 peut être dénommé le *Trade Disputes and Trade Unions Act, 1927*, et considéré comme ne faisant qu'un avec les *Trade Union Acts, 1871 to 1917*.

Ce même *Act* et les *Trade Union Acts, 1871 to 1917*, peuvent être cités ensemble comme *Trade Union Acts, 1871 to 1927*.

Pour l'exécution du *Trade Disputes and Trade Unions Act, 1927* :

a. L'expression «grève» signifie la cessation du travail par un groupe de personnes employées dans un commerce ou une industrie agissant de concert, ou un refus concerté à l'avance, ou un refus d'après une entente entre un nombre quelconque de personnes, qui sont ou ont été employées, de continuer de travailler ou d'accepter du travail;

b. L'expression «contre-grève» signifie la fermeture d'un lieu d'occupation d'employés ou la suspension du travail, ou le refus par un employeur de continuer à utiliser un nombre quelconque de personnes par suite d'une contestation, chose faite pour forcer ces personnes, ou aider un autre employeur à forcer des personnes à son service d'accepter des conditions concernant leur emploi;

c. Une grève ou une contre-grève ne sera pas considérée comme préparée pour contraindre le gouvernement à moins que cette contrainte ne doive raisonnablement être prévue comme conséquence.

CONCLUSION.

En dehors de la grève, de la grève ordinaire, qui est un droit positif, en quelque sorte le complément du droit de salaire qui, sans elle, serait incomplet, il en existe une autre, la grève générale à laquelle a recours ou menace de recourir trop souvent la classe ouvrière, égarée par des meneurs et qui, systématiquement, confond les intérêts professionnels et la lutte de classes, c'est-à-dire le travail et la politique.

La grève générale est une grève essentiellement politique car elle tend à imposer la volonté du prolétariat dans les affaires publiques. « La grève générale, dit M. Greffulhes, est le refus des producteurs de travailler pour procurer jouissance et satisfaction aux non-producteurs ; elle est l'explosion consciente des efforts ouvriers en vue de la transformation sociale ; elle est l'aboutissement logique de l'action constante du prolétariat en mal d'émancipation ; elle est la multiplication des luttes contre le patronat [1]... »

« ...Tandis que la grève générale, dite corporative, n'englobe que les ouvriers d'une profession déterminée, la grève générale telle qu'elle est conçue habituellement, s'applique à toutes les industries et pour des motifs intéressant l'ensemble du prolétariat car les premières n'en constituent que la gymnastique de même que les grandes manœuvres sont la gymnastique de la guerre »[2].

La grève générale devient politique, c'est-à-dire qu'elle est dirigée moins contre les patrons que contre le gouvernement qu'elle a pour but de renverser, ou d'impressionner afin d'obtenir un résultat partiel. Et si, parfois, elle peut être simplement réformiste « c'est-à-dire tendant à défendre un droit ou à protester contre un acte gouvernemental », elle peut être également révolutionnaire, « ayant pour but de faire la révolution sociale, d'affranchir les producteurs de la domination capitaliste » [3].

Et, ainsi, du moment que l'organisation politique de l'Etat est en jeu, la véritable question qui se pose et qui dépasse le domaine de l'économie politique, est celle de la légitimité même du droit

[1] L'*Action syndicale,* pp. 3 2 sq.

[2] Greffulhes, *loc. cit.,* p. 3 2.

[3] É. Vandervelde, le *Droit de grève dans la grève générale,* Bibliothèque générale des Sciences sociales. Alcan XXXI, pp. 236, 237.

d'insurrection, telle que l'a posée l'article 35 de la *Déclaration des droits de l'Homme et du citoyen*. Quel fossé infranchissable sépare la grève générale et la grève ordinaire mise en pratique pour sauve-garder le droit au juste salaire des travailleurs, leur droit à la liberté de travail, les intérêts économiques, industriels, commerciaux et agricoles de tous les travailleurs!

Cette «arme sociale», que la grève générale représente aux yeux de certains comme devant détruire l'égoïsme des ouvriers, M. Colson l'a admirablement bien définie dans son *Cours d'économie politique* [1] : « Quant à la grève générale qui aurait pour objet, non d'obtenir des patrons telle ou telle concession, mais de détruire l'organisation sociale en suspendant tous les services nécessaires à la vie des citoyens, elle constituerait un acte purement révolution-naire qui ne relève pas de l'économie politique. »

Obliger le gouvernement et le pays à faire ce que ne veulent ni l'un ni l'autre, est un acte essentiellement anticonstitutionnel qui justifie de la part du gouvernement l'adoption de mesures rigou-reuses. Par le fait même qu'elle réunit certains groupements dont les intérêts ne sont pas directement en cause, une grève générale n'est plus un conflit du travail; elle est un véritable acte révolution-naire qui paralyse la vie du pays, son activité, qui met en jeu son existence même.

Cela est si vrai que la grève générale a été sévèrement condam-née, en Angleterre même, par de nombreux penseurs et hommes politiques ainsi que — et c'est là un détail des plus curieux — par des leaders travaillistes.

Dès avant la guerre, un économiste canadien des plus distingués, le professeur Estey, avait écrit :

«La grève générale, dans la théorie syndicaliste, est une grève de caractère compréhensif, s'étendant à toute la production, affectant d'une façon vitale l'existence de la société elle-même; c'est une levée en masse des ouvriers. C'est plus encore : c'est la révolution sociale. C'est l'apogée de la guerre des classes... Qu'a-t-on besoin de tout l'appareil encombrant des révolutions d'autrefois, quand le simple refus, par tous les ouvriers, de travailler doit nécessairement faire capituler la bourgeoisie et la forcer à accepter les conditions que les vainqueurs voudront bien lui dicter?»

[1] T. I, Paris, 1901, p. 366.

— « Je n'ai jamais déguisé et je ne déguise pas aujourd'hui, que j'ai toujours été hostile au principe d'une grève générale ». Telle est la déclaration de principe qui a été faite, en pleine grève, le 9 mai, dans un meeting tenu, dans un faubourg de Londres, par M. J.-H. Thomas, ancien secrétaire des cheminots et ancien ministre des colonies dans le cabinet Mac Donald. Et M. Thomas a ajouté en parlant des agitateurs qui exhibent le spectre de la guerre : « Ces gens là ne devraient pas oublier qu'ils jouent avec le feu. Ceux qui parlent d'une guerre à pousser jusqu'au bout, s'ils exécutent leurs intentions dans ce sens, trouveront lorsqu'ils auront fini que cette patrie qui est la nôtre, ne vaudra pas la peine qu'on y vive. »

Dans un ouvrage sur le *Syndicalisme*, M. Ramsay Mac Donald a condamné la grève générale dans des termes non moins énergiques et concluants.

Tel est l'aspect sous lequel se présente la grève envisagée suivant qu'elle est d'ordre professionnel ou d'ordre politique.

Dans le premier cas, les pouvoirs publics ont l'impérieux devoir d'observer, pendant la durée du conflit, la neutralité la plus stricte. Leur mission, au-dessus de toute discussion, est d'assurer aux uns et aux autres, aux patrons et aux ouvriers, le libre exercice de leur liberté, de leurs droits, sans jamais perdre de vue que, si certains ouvriers ont le droit de dénoncer simultanément le contrat qui les lie à leur patron, d'autres doivent pouvoir continuer à l'exécuter en toute tranquillité. Cette règle, dictée uniquement par les principes du droit commun, trace à tous les gouvernements la même ligne de conduite : ils ne doivent jamais chercher à fausser la solution des conflits, à faire qu'ils aboutissent à une solution autre que celle qui est imposée par la situation économique. Une telle attitude suppose autant de tact que de fermeté.

En matière de grève générale, les attributions de l'État se développent singulièrement par la force même des choses : alors que l'organisation sociale est disloquée, que tous les services nécessaires à la vie des citoyens sont suspendus, il a l'impérieux devoir de tout remettre dans l'ordre, d'assurer, par tous les moyens, le maintien de la paix publique, la satisfaction des besoins essentiels de tous les citoyens, bref, d'arrêter le flot montant de la révolution.

Voilà pour le moment présent, pour le temps de grève.

Le lendemain, le gouvernement aura un autre devoir à accomplir, aussi important, aussi difficile : prendre toutes mesures utiles pour que le pays ne soit plus exposé aux mêmes incertitudes, aux mêmes dangers, pour que son existence ne soit plus menacée et, pour ce faire, mettre hors la loi la grève générale.

Ce devoir-là, le Parlement anglais l'a courageusement accompli, le 29 juillet 1927, et, à ce titre, il mérite d'être pris comme exemple par tous les autres peuples.

Ainsi qu'il l'avait déjà fait pendant la discussion qui a précédé son vote à la Chambre des Communes, le *Trade Disputes and Trade Unions Act, 1927,* a soulevé les protestations les plus véhémentes dans les milieux trade-unionistes, une fraction du parti libéral, celle de Lloyd Georges, enfin dans tout le *Labour Party*.

Il est indéniable que, jusqu'alors, les Trade-Unions avaient joui d'une situation privilégiée, que n'ont jamais connue les syndicats d'aucun pays.

Depuis le *Trade Disputes Act, 1906,* les violences exercées contre les personnes ou les biens, commises au cours d'une grève, n'étaient punissables que dans les termes du droit commun et le *picketing* était licite.

Les *Unions,* qui encourageaient ou provoquaient une grève, échappaient à toute responsabilité, même civile, peu importe qu'il s'agisse d'une grève professionnelle, politique ou de solidarité.

Sous certaines conditions, les Trade Unions avaient le droit de participer à l'action politique en consacrant à cet objet une partie de leurs ressources.

Enfin les fonctionnaires ou agents des grands services publics ou nationaux avaient toute liberté pour faire partie des Trade Unions.

L'expérience de ces dernières années, cruelles entre toutes pour le peuple anglais, a montré les résultats que pouvaient produire ces privilèges entre les mains des partis politiques avancés, des groupements syndicaux qui n'ont de professionnel que le nom et à qui une apparence de légalité permet de transformer un pays suivant des instructions venues de l'étranger, en un champ d'expériences pour préparer la grande révolution de demain, l'avènement de la cité sans larmes et sans frontières, promise à ceux qui ont la faiblesse, pour ne pas dire la naïveté, de se laisser berner par de fallacieuses espérances.

Le gouvernement anglais a compris le danger immense que le pays a couru et, comme les mesures de défense sociale dont il disposait lui ont paru, à très juste titre, insuffisantes pour arrêter les agissements d'individus qui poursuivent, en réalité, la destruction de toute civilisation, il s'est adressé au législateur qui, lui aussi, a compris et a agi. Ainsi a été conçu et voté le *Trade Disputes and Trade Unions Act, 1927*, qui, contrairement à ce qui a été soutenu, n'a porté aucune atteinte au droit syndical considéré en lui-même et qui n'a fait que restreindre le régime de faveur dont ceux qui l'exerçaient ont singulièrement abusé et ramené à ses véritables principes le droit de grève. Sans doute, le parti travailliste a subi un grave échec mais, en revanche, celui de l'ordre, de la paix sociale, du droit, a récupéré ce qu'il n'aurait jamais dû abandonner ou perdre. Dans ces conditions, l'empire britannique est assuré d'un lendemain meilleur, plus calme; des pertes aussi graves tant du côté des patrons que de celui des ouvriers seront évitées et la prospérité économique pourra revenir.

Telle est la portée sociale, immense, du *Trade Disputes and Trade Unions Act, 1927*, qui marquera une date des plus importantes dans l'histoire économique du peuple anglais.

www.ingramcontent.com/pod-product-compliance
Ingram Content Group UK Ltd.
Pitfield, Milton Keynes, MK11 3LW, UK
UKHW020024080726
13614UKWH00004B/1543